DEFINING
MOMENTS

When Managers
Must Choose between
Right and Right

关键
抉择

对与对的较量

[美] **小约瑟夫·巴达拉克** 著
（Joseph L. Badaracco, Jr.）

胡蝶 译

机械工业出版社
CHINA MACHINE PRESS

Joseph L. Badaracco, Jr. Defining Moments: When Managers Must Choose between Right and Right.

Copyright © 1997 Joseph L. Badaracco, Jr.

Published by arrangement with Harvard Business School Press.

Simplified Chinese Translation Copyright © 2023 by China Machine Press. This edition is authorized for sale in the Chinese mainland (excluding Hong Kong SAR, Macao SAR and Taiwan).

北京市版权局著作权合同登记　图字：01-2023-1036 号。

图书在版编目（CIP）数据

关键抉择：对与对的较量 /（美）小约瑟夫·巴达拉克（Joseph L. Badaracco, Jr.）著；胡蝶译 . —北京：机械工业出版社，2023.10

书名原文：Defining Moments: When Managers Must Choose between Right and Right

ISBN 978-7-111-73734-6

Ⅰ. ①关… Ⅱ. ①小… ②胡… Ⅲ. ①职业选择 Ⅳ. ① C913.2

中国国家版本馆 CIP 数据核字（2023）第 160423 号

机械工业出版社（北京市百万庄大街 22 号　邮政编码 100037）
策划编辑：李文静　　　　　责任编辑：李文静　闫广文
责任校对：龚思文　李　婷　责任印制：张　博
保定市中画美凯印刷有限公司印刷
2023 年 11 月第 1 版第 1 次印刷
147mm × 210mm · 7.25 印张 · 3 插页 · 115 千字
标准书号：ISBN 978-7-111-73734-6
定价：69.00 元

电话服务　　　　　　　　　网络服务

客服电话：010-88361066　机 工 官 网：www.cmpbook.com
　　　　　010-88379833　机 工 官 博：weibo.com/cmp1952
　　　　　010-68326294　金 书 网：www.golden-book.com
封底无防伪标均为盗版　机工教育服务网：www.cmpedu.com

几年前，一位就职于某知名消费品公司的前途无量的年轻经理讲述了自己某次在工作职责与个人价值观之间的艰难抉择，我在场倾耳细听。问题解决后，她总结了自己从那次经历中学会的一些道理，其中一个我至今难忘：

> 那次经历在很多方面都敲响了警钟——特别是在如何组织工作方面。你可能会孤立无援。我意识到，只有自己才能对自己、对个人的成长、对职业的发展全权负责。

这一论断既现实又令人痛苦。管理者确实会孤立无援。

这种经历既痛苦又困难。但当这种情况发生时，他们完全孤独无助吗？在管理中面临道德困境时，他们从哪里才能得到指导呢？

多年来，尽管我一直在教授领导力、管理和商业道德方面的课程，但我却始终无法回答这些问题。有几种标准做法，比如遵纪守法、为股东尽职、恪守公司信条、为利益相关者尽责、做正确的事情，但我发现它们并不怎么实用。每种做法都包含了某种重要的真理，但是过于抽象、笼统。管理者面临必须解决的混乱复杂、令人焦头烂额的难题时，这些应对之法往往只是浮于表面，难以提供真正有效的解决之道。

管理者想要的是具有指向性的指导，即能直接帮助他们找到问题解决方向的指导，因为他们自己正处在困境之中。在聆听了数百名管理者讲述关于个人价值观与工作职责的艰难决策后，我现在相信，最有用的指导是提出问题，而非给出答案。

我为寻找正确的问题而写了这本书，但我的寻问之旅却与众不同。我发现，最深奥、最精妙和最实用的问题往往源于意料之外的各方面的融合。包括对企业管理者详细的案例研究；经久不衰的文学作品，如希腊悲剧《安提戈涅》（*Antigone*）里对人物和承诺的经典描写，当代小说《长日留痕》（*The Remains of the Day*）里关于忠诚的管家的故事；久经考验的真正的哲学家（如亚里士多德）的著作；以及所谓离经叛道的人（特别是马基雅维利和尼采）的见解。

这些不同的来源让我要寻求的正确问题变得有理有据，而这些问题也是本书的核心。提出问题是为了启发与挑战——是为了引出答案，而非宣布答案。最重要的是，这些问题旨在帮助管理者避免"孤立无援"——帮助他们找到深思熟虑的、切实可行的、对自己有意义的方法来应对生活和工作中不可避免的困境。

感谢许多朋友和同事对本书的建议与贡献。特别感谢 Ken Andrews，Colyer Crum，Bill Levin，George Lodge，Scotty McLennan，Tracy Mehan，Lynn Paine，Tom Piper，Amy Sandler，Howard Stevenson，Dennis Thompson，Tom Urban，Jerry Useem 和 Abe Zaleznik。感谢 Carol Franco 和 Rafe Sagalyn 在编辑初始阶段提供的帮助，感谢 Nikki Sabin 在整个编辑过程中的宝贵指导。感谢 John Donovan 提供好机会来检验和完善本书中的各种想法。

特别感谢我的朋友 Ken Winston，他提出了许多审慎明智、富有见地的建议。我最该感谢的是我的妻子 Pat O'Brien，她鞭辟入里、实用中肯、富有洞察力的想法影响了本书的方方面面。

我也要感谢哈佛商学院。感谢学校慷慨的校友（特别是已故的 John Shad）为本书提供了资源。多年来，在管理者及其工作与职责等方面，我从上过我课的 MBA 学生和高管们身上获益良多。感谢院长 John McArthur 和 Kim Clark，以及研究部负责人，他们让我有足够的时间完成写作；感谢我的助理 Bonnie Green，她确保我有效利用这段时间专注于写作。

我还要感谢几位学者，他们的著作帮助我更清楚地理解本书中所讨论的那些道德哲学家的思想。感谢斯图亚特·汉普夏（Stuart Hampshire）、阿拉斯代尔·麦金太尔（Alasdair MacIntyre）和玛莎·努斯鲍姆（Martha Nussbaum），他们让我更理解亚里士多德；感谢以赛亚·伯林（Isaiah Berlin），他让我更能读懂马基雅维利；感谢约翰·墨菲（John Murphy）和理查德·罗蒂（Richard Rorty），他们让我更清楚地明白威廉·詹姆斯（William James）；感谢亚历山大·内哈马斯（Alexander Nehamas），他让我更能领

会尼采；感谢布兰德·布兰夏尔德（Brand Blanshard），
他让我更明确地领会马可·奥勒留（Marcus Aurelius）。
当然，本书中对哲学思想的阐释都是我自己的认识，如有
错误之处也都是我个人的原因造成的。

马萨诸塞州布鲁克林市

1997 年 5 月 12 日

| 目 录 |

DEFINING MOMENTS

肮脏的手

有时人们会遇到一些工作上的难题，进而引发一系列棘手且较为私人的困惑。这种时候，人们不禁会想：我工作时必须暂时把某些价值观抛在脑后吗？我要牺牲掉多少自己真正在意的东西才能获得成功？办公时的我究竟是谁？

类似这样的困惑通常是对与对的冲突，而不是对与错的较量。有时，面临某个难题的管理者必须在两种解决方法之间做出选择。每一种解决方法都是正确的，但不可能同时采取这两种解决方法。

我们来看看在一家大型银行任分行经理的丽贝卡·德内（Rebecca Dennet）所面临的问题。她那当高级主管的上司透露说分行将在两个月后（即新年后不久）关闭。上司要德内对此保密，因为重要的监管文件尚未提交，她也同意了。

两天后，一位同事问德内有没有听说过分行即将关闭的传言。她正犹豫时，同事变得不耐烦起来，说道："哎，我说真的。周围又没什么工作机会。我要不要少买点圣诞礼物呢？你知不知道什么消息啊？"

德内应该怎么做呢？当然，正确的做法就是诚实地回答问题，毕竟她确实知道内部消息。对朋友诚实这也是应该的，那位打听消息、寻求帮助的同事与她的确关系亲密。但什么也不说也没错。作为银行管理者，德内有责任对内部消息保密，况且她还亲口承诺了。很明显，她不是在对与错之间，而是在对与对之间进行抉择。

丽贝卡·德内面临的问题并非特例。尽管细节有所不同，但优秀的管理者往往都会碰到类似的困境。他们想要活得无愧于自己的道德水准和价值观，他们在无休无止的利润压力下仍不得不满足客户和股东的期望，他们通过勤奋工作来确保家庭的稳定。大多数管理者还希望能公平地对待员工，帮助有需要的人，赢得家人和朋友的尊重，维持个人人格的完整。

大多数时候，管理者都能够想方设法地兼顾到所有的责任和愿望。但有些时候他们也无能为力。此时这些责任心强、以绩效为本的成功人士就会产生一种强烈的个人挫败感，因为未能履行自己的承诺，没有达到自己预设的标准。对于在这种情况下挣扎的管理者而言，此刻关系重大。他们开始领悟到，成为成功的管理者同时也是正派负责的人，这究竟意味着什么。

人格的熔炉

像丽贝卡·德内面临的这种困境有时被称为"肮脏的手"。这个不同寻常的名字来源于法国哲学家让－保罗·萨特（Jean-Paul Sartre）的一部戏剧的标题。故事发生在战争年代，主要人物包括某组织的一位资深领导者和一名满怀热情的年轻成员。在剧情发展的关键时刻，年轻成员指责领导者向反动政治势力妥协，背叛了组织的理想。

面对这个严厉的指控，领导者回应如下：

年轻人，你太过坚持你的纯真！你多么害怕弄脏你的手！好，保持纯真！那能有什么好处？你为什么要加入我们的队伍？纯真是瑜伽修行者或僧侣才会追求的东西……诸事不做，保持静止，手臂垂于身侧，小心谨慎。而我的手却很脏，一直脏到胳膊肘。我的双手都曾深陷在污秽和鲜血中。你在期望什么？你以为你能纯真地领导组织吗？[1]

你以为你能纯真地领导组织吗？这个问题振聋发聩、引人深省，我将在本书中多次进行讨论。但就戏剧中的情况而言，这个问题的含义既简单明确又令人惶恐不安。那位领导者的意思是，能掌控他人生活和生计的上位者必须弄脏自己的双手，这几乎是不可避免的——他们的手脏了不是因为卷起袖子努力干活，而是因为失去了道德上的纯真。

对丽贝卡·德内和其他管理者来说，问题在于：你以为你能纯真地管理别人吗？那位领导者提出的问题也揭示了他的答案。他相信，只有天真的人才以为领导者可以避免肮脏的手。但真的如此吗？肮脏的手真的是那些在生活中拥有真正权力和责任的成功人士不可避免的吗？那位领导者是战争年代的政治领袖，他与企业管理者有何相似之处？

让我们看看切斯特·巴纳德（Chester Barnard）的观点。尽管鲜有人知，但巴纳德的确是 20 世纪极有见地的企业领袖观察家之一。他将敏锐透彻的思维与多年实际管理经验结合起来，撰写了管理学领域的经典之作——《经理人员的职能》（*The Functions of the Executive*）。该书于 1938 年首次出版，至今已有 40 多个版本面世。

多年来，巴纳德过着不同寻常的双重生活。在电话公司还是一流的高科技公司时，在工作时间里他是新泽西州贝尔系统电话公司的总裁。到了晚上和周末，他则笔耕不辍，辛勤撰写关于管理与组织的扛鼎之作。

巴纳德详细讨论了管理者的职责。他一度发表了一个与那位领导者一样不同凡响、令人不安的言论。巴纳德告诫说："在我看来，挣扎于争取人员通力协作必然会泯灭一些人的道德，正如战争必然会损毁一些人的身体。"[2]

这句非比寻常的话恰如其分地体现了巴纳德的务实风格与坚定信念。至少在他眼里，管理绝非许多管理书籍中所描述的那样是愉快的冒险，而是一种绞尽脑汁争取让人通力合作的"斗争"。巴纳德坚信自己那引人烦忧的结论毋庸置疑，并称其为"不可避免的"。

巴纳德的看法与萨特通过那位领导者表达的观点存在着惊人的相似。两人都认为，担任领导职务会给个人带来艰难的挑战，而这些挑战可能会毁掉自己，成就他人。对巴纳德而言，领导地位伴随着道德泯灭的风险。在萨特看来，领导地位会导致出现"肮脏的手"。二者都坚信，领导地位本质上就是人格的熔炉。

两个如此不同的人——一位美国企业高管和一位法国存在主义哲学家——是如何共同得出这个结论的？一方面是因为，二人都全身心地投入到了共同的追求中：尽心尽力去了解那些能掌控他人生活却也时不时因责任而挣扎的上位者，去探寻他们所做的决策背后的故事。

另一方面则可以通过探寻丽贝卡·德内所遭遇的困境的根源来理解。权力越大，责任越大。有时这些责任相互抵触，有时则与管理者的个人价值观发生冲突。所有这些责任，无论是有关个人的还是有关职业的，都有很强的道德要求，但管理者通常无法满足每一项要求。这些并不是我们小时候学的对与错的伦理问题，而是对与对的冲突。

巴纳德和萨特都不认为解决对与对的冲突只是纯粹的智力问题。他们明白，在对与对之间的抉择也让自己面临风险。在这种情形中，管理者选择完成一件正确的事情时，也就意味着另一件同样正确的事没有做到。他们会觉得自己让别人失望了，也没有达到自己的标准。他们似乎真的失去了纯真，手也肮脏了，甚至巴纳德告诫的那种道德悲剧似乎也近在咫尺。

说对与对的较量是关于生活的问题，而不仅仅是管理的问题，还有一个原因就是其结果不可改变。一旦丽贝卡·德内做出决定并付诸实践，她就没有回头路了。她已经在个人经历和职业生涯中写下了一笔。她的选择将被记录下来，不是记录在允许无限制修改的文字处理器上，而是记录在永不磨灭的人生印迹里。

对与对的问题麻烦、复杂且严重。它们也非常重要，不容忽视。从事管理工作的正派人士有时必须做出非常艰难的选择。问题在于，成为一个优秀的管理者，同时也关爱他人、有责任感，这意味着什么。巴纳德和萨特都指出了这一点。无数关爱他人的管理者也都明白这一点，他们挣扎着、努力着，试图以负责务实的方式平衡自己身上相互冲突的责任与义务。

励志伦理之外

本书探讨了每一位管理者都会面临的对与对的较量，提供了一种不同寻常、讲求实效的方式来思考和解决这些问题。对于管理者而言，正确的决策是唯一重要的选择。这些决策可能会给必须做出决定的管理者的生活以及他们的公司带来影响巨大且往往无法改变的后果。

这里提出的公司解决管理难题的方法与鼓舞人心的标准做法相去甚远。大多数管理者都听过高管们的演讲，说他们拥护公司的信条或使命，并劝告每个人"做正确的事"。这些演讲是有用的，它们通常是真诚的，有些还十分励志，有些甚至可能让一些员工保持正统。

但这种励志方法基本无法解决严重的责任冲突。真正的难题是巴纳德和萨特提出的问题：在做了某件正确的事情就意味着做不了另一件显然也正确的事情时，应该怎么办？或者说在做正确的事情必须同时做错误的事情时，应该怎么办？对管理者来说，这些问题尤为复杂。他们的对与对的冲突通常涉及在两种或多种方案之间进行选择，每一种方案都是伦理责任、个人承诺、道德风险以及实际压力和制约因素的综合体。

　　励志伦理通常忽略这样的问题，也无视巴纳德的告诫与"肮脏的手"的问题。在这些方面，激励人心的陈词滥调听起来十分空洞，会导致品性的动荡，让人滑向道德的深渊。对与对的问题有时会让管理者联想起自己的艰难经历，他们非常不愿意去回忆，因为这些经历与失败、内疚或失落等感觉交织在一起。"你以为你能纯真地管理别人吗？"这个问题在情感上和理智上都让人惶恐。对于这个问题，第一反应给出的答案是肯定的，但经验告诉我们的答案往往是否定的。

　　然而，要在这些问题上取得进展，必须从正视它们开始。这并不容易。首先，得明确管理者必须解决的对与对的冲突的基本类型。下一章就会通过详细描述三位管理者面临的不同问题来阐明对与对的冲突的基本类型。

　　其次，要深入理解为什么对与对的冲突如此难以解决。很多时候，我们会把问题分成熟悉却不能深究的各种类别，比如法律问题、商业道德问题、管理问题等，然后再思考解决之道。一旦我们把问题放在正确的类别里，我们就自认为找到了解决问题的方法。但对与对的抉择无法硬性纳入任何我们熟悉的类别里，也不适用标准解决方案。如果解决办法仅仅是找到正确的类别与采用正确的概念，那么巴纳德和萨特绝不会这样详细讨论相互冲突的责任问题。

本书认为，对与对的抉择是最重要的决定性时刻。它有三个基本特征：揭示、检验与塑造。换言之，对与对的抉择可以揭示出管理者的基本价值观，在某些情况下，甚至会揭示出企业的基本价值观。同时，抉择检验着一个人或一个企业履行所做承诺的决心。最后，抉择会施加影响，塑造人的品性，有时甚至决定企业的品质。

迫切的问题

对管理者来说，迫切的问题是：我如何看待决定性时刻？我如何以我能接受的方式做出决定？在思考对与对的冲突及寻求解决之道方面，本书提供了一些实用的建议。在深入探讨三种冲突的过程中，本书也为如何权衡、做出艰难抉择提供了思考框架。

该框架由一系列问题和说法组成，每个问题和说法都源于古典和当代道德哲学。这些问题鼓励思考，唤起个人的观点和经验，并促进自我评价。它们要求管理者深思自己与同事、家人、邻里之间的关系。每个问题和说法都基于对生活和工作的深刻理解，但要想理解和应用它们，读者必须做出让步。换言之，这种处理艰难抉择的方法并不是像老师站在讲台上教导人们该做什么一样。相反，每个问题或说法都会如朋友般轻拍人们的肩膀，吓人们一跳，然后再给出建议，让人们去思考生活和工作中的重要方面。

"肮脏的手"这一章是应用该方法处理道德问题的一种示例。"肮脏的手"不是一种含义丰富的说法，也不是对萨特哲学的简要总结。尽管它可以成为严谨的哲学分析的焦点，但在这里它的作用并非如此。[3]

"肮脏的手"这种说法经常让人想起生活中的艰难时刻。"你以为你能纯真地管理别人吗？"这个问题也同样如此。两者都可以唤起记忆、画面、经历和感觉。回忆起自己在道德问题上处理不当时，它们可能会引发人们持久的悔恨；而回忆起自己在道德冲突中处理得当时，它们则让人油然而生一种来之不易的自豪感。这种个人感受具有双重价值。它鼓励人们（不管是不是管理者）反思自己的生活与经历。同时，也让人们能换位思考，设身处地地考虑管理者和其他人在必须解决各种责任之间的严重冲突时所面临的难题和困境。

对与对的冲突

本章介绍了三位管理者及其面临的对与对的冲突。这三个案例都源于真实事件，充分体现了对与对的冲突的基本类型，也揭示了丽贝卡·德内面临的问题的基本要素，而其他管理者往往也必须解决类似的难题。

尽管这三个案例有区别，但都论证了美国最高法院最杰出的法官之一奥利弗·温德尔·霍姆斯（Oliver Wendell Holmes）那备受瞩目的论述。霍姆斯写道："对于浮在复杂表层的简单，我不屑一顾；对于超越复杂深层的简单，我全力以赴。"

本章讲述的三位管理者都会理解霍姆斯的话。所有人都迫切需要难题的实际解决办法。所有人都会倾向于简单的回答，比如"做正确的事"。但巴纳德关于管理者的职业生涯道德风险的告诫完全适用于这三个案例，每个管理者都面临"肮脏的手"的困境。

道德认同危机

第一个案例是关于年轻的史蒂夫·刘易斯的，他刚刚在纽约一家著名的投资银行干了一年。刘易斯是一名分析师，这意味着他从早到晚都在分析详细的财务数据。他把自己的后半辈子描述为"室内露营"。公寓里的冰箱通常空空如也，墙壁上也一无所有，客厅家具还全都在没打开的包装箱里。尽管如此，刘易斯还是通过从办公室发送的电子邮件对保持着联系的朋友们说，他的工作是世界上最好的。

一个周二的清早，刘易斯在桌上发现了一条留言，询问他能否帮忙，在两天后飞往圣路易斯向一位重要的潜在客户做演示。这条留言令他十分诧异。刘易斯所在公司有明文规定，不让分析师参与演示或与客户开会，因为他们缺乏经验和专业知识。事实上，刘易斯对圣路易斯会议的主题知之甚少，那是市政财政的一个专门领域。他尤为惊讶的是，公共财政部门明明有几位更有经验的人，但是偏偏选中了他。

刘易斯立即沿着走廊走进公司里的一位朋友兼搭档安德鲁·韦伯斯特的办公室。他把纸条给韦伯斯特看了看然后问道："安迪^㊀，这是怎么回事？你知道我被派去做演示吗？是不是你选的我？"

韦伯斯特打断了他的话。"我的朋友，你听我说。看看我俩，有什么相似之处？跟你说吧，密苏里州新任财政部部长也是非裔美国人。"他继续说道："听着，史蒂夫，我也不希望你这么快就开始处理这些事情。但州财政部部长想至少有一位非裔美国专业人士参与，不然公司就没有机会管理这个项目。我已经习惯了这种情况，但如果你觉得不舒服，你就不要去。我可以更改行程，代替你去。"

刘易斯很快回答："不，不用。我好好想想再给你回话。"韦伯斯特追问有什么问题时，刘易斯回答说自己也不确定到底有没有问题。感谢了韦伯斯特后，刘易斯回到

㊀ 安德鲁的昵称。

了自己的座位上。

他花了几分钟回复邮件，喝了一杯咖啡，列了一张白天要做的事务清单，最后意识到自己是在逃避，不想决定到底去不去圣路易斯。情况他都理解。他想要弄清楚在某件事情上自己被纳入或被排除，是否只是基于种族因素。这只是他无数次纠结中的一次。刘易斯不知道该怎么办，于是拿了一张纸，在中间画了一条线，开始罗列利弊。

有利因素很容易找到。"机会"是刘易斯写下的第一个词。他刚进公司一周时，一位已进公司四年的同事告诉他："公司在乎的是盈利。你加入进来后，要么能赚钱，要么走人。就这样。"刘易斯必须打电话确认圣路易斯之行，这才能表明自己为公司着想、顾全大局。

机会对刘易斯而言还有其他含义。他的父母都坚定地支持民权，母亲是西雅图当地著名的活动家。20 世纪 70 年代初，她花了两年时间起诉雇主歧视性的晋升做法。这场官司既费时费力又费钱，但她最后胜诉了。刘易斯想知道，圣路易斯之行究竟是不是一个机会，让他能从母亲曾费劲撬开的门中穿行而过。

刘易斯也在有利因素那一列里写下了"安迪"。这是另一种考虑的方向。虽然安迪自愿更改行程，但刘易斯知道，自己去圣路易斯可以让安迪更轻松一点。两年前他们相识，当时安迪所在的招聘团队考察了刘易斯所在的MBA团队。相识后，安迪给了刘易斯很多建议，刘易斯也很赞赏安迪考虑事情的方式。

刘易斯还意识到，在过去一年中公司里有很多人帮助过他，而安迪是其中之一。这家公司对他很好，安排给他的任务也很有价值，还教会了他许多商业知识，他自认为没有人一年所学能有他这么多。此外，公司付给他的薪资远远高于他父母的收入。

刘易斯接着写下了"资本主义"一词，想他的MBA金融教授会如何看待这种情况。他肯定会说，在本次演示中刘易斯的出席，是捍卫公司及其股东的利益的一种表现，符合公司高级管理人员对捍卫公司利益的规定。在触犯法律或道德底线时这项义务自动终止，但公司并未要求刘易斯做任何违法行为。出席演示确实有点弄虚作假，因为刘易斯对该项目没有任何贡献，但安迪似乎暗示这种弄虚作假并未违背业内规则。此外，公司委派刘易斯也是为客户的利益服务，符合客户的要求。

刘易斯回顾有利因素列表时，他意识到，自己的大多数MBA同学都会认为这个问题"无须费神"。他看了一眼电话，犹豫着是不是要打电话说同意出差，但还是决定分析完再说。

他在不利因素列表中写下的第一个词是"虚伪"。从小到大刘易斯受的教育都是要说实话，他母亲最喜欢的一句话是："真理最重要。"作为一名虔诚的基督徒，他知道《圣经》中的黄金定律要求他在与人打交道时必须诚实。那么，他怎么能去圣路易斯，假装自己是该项目团队中的一员呢？这说得好听一点是"蒙混"，但实际上明明是"欺瞒"。

第二个词"马尔科姆"让刘易斯更加不安。他指的是马尔科姆·X，这是一位熟人听说刘易斯在投资银行工作时所发表的评论中提到的。刘易斯自己没有亲耳听到这个评论（是通过朋友转述的），但它提到了马尔科姆·X对"家奴"的痛斥。他们只需奉承地说些主人善良正派的好话便能在室内舒适地工作——不像"田奴"，他们虽然必须在烈日下辛勤劳作，但尊严却完好无损。

刘易斯一直记着这句话。他期望能从内部去改变这一切，就像安迪说的那样，必须先参与游戏，然后才能制定游戏规则。但他也了解歧视。他父母大半辈子都身受其害。虽然自己基本没有受到明显的歧视，但他清楚地记得小学时被对方棒球队队员称为"下地摘西瓜的人"。

现在公司专门挑选了他，不是看中了他的天赋，仅仅是因为他的肤色。刘易斯觉得，公司和客户应该根据业绩、能力和性格做出决定，而不是基于种族、性别和宗教等方面的平衡。把他作为非裔美国人的代表而选择他与因为他是非裔美国人而把他排除在外，两者从本质上来看真的有什么不同吗？如果哪位客户表示他不愿意让犹太人或亚洲人参与某个项目，那该怎么办？如果公司能用年轻漂亮的女性来争取给演示加分以达成更多的交易，那又该如何？

刘易斯看了眼手表，自己沉浸在这些想法中已经45分钟了。他早忘了罗列利弊，开会也迟到了10分钟，但仍然没有做出决定。他连忙拿出会议所需的文件夹，然后砰地关上了抽屉。为什么圣路易斯之行如此重要？作为一个非裔美国人，他必须得面面俱到吗？难道就不能像其他年轻的管理者一样，只管自己分内之事？

史蒂夫·刘易斯的案例属于对与对的冲突的第一种基本类型，即个人诚信和道德认同的冲突，它紧迫、复杂，有时还令人痛苦。这种冲突会引发人们内心的追问：我是谁？我的道德原则是什么？

值得注意的是，史蒂夫·刘易斯在努力解决问题时，他用了几种不同的方式定义自己。在思维的不同阶段，他把自己分别看作安迪的朋友和门生、公司股东的雇员和代理人、忠诚且雄心勃勃的青年投资银行家、值得自己效仿的父母的儿子。有些时候，他将自己视为一个再普通不过的平凡人；有些时候，他则把自己归类为基督徒或非裔美国人。然而，这些都不是刘易斯定义自己的正确方式或唯一方式。但在他看来，每一种身份都需要其忠诚、承担责任。"我是谁？"这个问题的每一个答案都影响着刘易斯如何决定、怎样生活。可惜，某些答案让刘易斯对这次旅行说"是"，某些答案则让他说"不"。

刘易斯发现难以做出决定，因为他真切地感觉到，这不仅仅涉及出差，还关乎他是谁，他代表什么，他愿意带着什么样的遗憾继续生活。

对刘易斯和其他面临类似问题的人来说，真正的难处不在于没有勇气去做正确的事情，而在于决定**去做哪件正确的事**。刘易斯必须在对与对之间做出选择，而这又牵涉极其复杂的个人诚信问题。他的困扰不在于**是否**合乎道德，而在于**如何**合乎道德。他的困扰就如离心力一般，将他与肩上的责任越分越开，包括对雇主、朋友与导师的责任，还有对自己、父母的责任，也有对自我理想的责任。

人们很容易将刘易斯的困境视为一个特例或一个小插曲。也许像这样的问题只会发生在平权行动受益者的身上。也许投资银行尤其容易搞道德骗局。也许问题都是刘易斯臆想出来的，他真正要做的只是下定决心。做生意需要果断，也许刘易斯不该再纠结。实际上，他的决定根本不影响大局：如果他不去圣路易斯，那韦伯斯特就会去。

这样的看法大都忽略了刘易斯的问题的本质。刘易斯这样的经历影响着人们如何看待自己的职业与自我。大多数管理者可以回想一些自己刚从业时的经历，那些经历深深印刻在他们的脑海里，长远地影响了他们对自己的看法和对世界的认知。脑海中关键事件的画面轻松浮现，他们仍能看清别人的脸，仍能体会到与多年前的心悸相同的感受。

敏感脆弱和不确定性往往会加剧这种回忆。作为一名年轻的管理者，刘易斯才刚开始努力攀爬英国前首相本杰明·迪斯雷利（Benjamin Disraeli）所说的那根"油腻的杆"。刘易斯现在刚跻身一流团体之中，还在学习比赛规则，他可不想犯下一个幼稚的错误。

在这种对与对冲突的困境中，至关重要的是不能只看决策的直接实际后果，要把眼光放得更长远，要去审视这些决策如何影响管理者对责任、工作和生活的看法。这种情况下的管理者就像耍杂耍的人，他们害怕抛在空中的球掉落。每个球似乎都是自己的一部分。掉落一个就意味着失败、自我背叛、后悔和内疚——一言以蔽之，就意味着"肮脏的手"。稍后的章节中还会提到刘易斯的困境，讨论他解决困境的方式，并更详细地分析他的这些个人顾虑。

中间的管理者

个人诚信和道德认同的冲突通常在管理者职业生涯的最初几年最为明显。这是因为企业通常会将尚处于"学徒期"的管理者能做的事与能犯的错都限制在某个范围内。因此，在早期的职业困境中，管理者所付出的切身代价往往大于其他人。⊖

⊖ 这种概括当然有例外。近年来最臭名昭著的就是所谓的流氓交易员，比如巴林证券公司（Baring Securities）的尼克·李森（Nick Leeson），他损失了 10 多亿美元，致使公司破产；还有约瑟夫·杰特（Joseph Jett），他被指控伪造虚假债券交易利润，是导致基德尔 – 皮博迪证券公司（Kidder Peabody）垮台的罪魁祸首。但这些例外并非完全与这种概括相悖。对其中一些案例的仔细研究表明，年轻的管理者行事并非全靠自己，而是得到了上级的通融和鼓励。

　　对许多管理者来说，平衡很快就会被打破。他们的事业蒸蒸日上，自己掌管着某个部门、分支机构或其他业务机构。他们的决定现在影响着其他人的薪水、自尊、职业机会和家庭状况——简而言之，影响着他人的生计与生活。因此，这些管理者时常面对的问题，不像史蒂夫·刘易斯遇到的困境，更像是《肮脏的手》中资深政治领袖深陷其中的难题。他是某个机构的负责人，从广义来看，也就是一个大型组织的中层管理者，拥有重大权力。权力越大，责任越大。当肩上的责任相互冲突或与重要的个人价值观冲突时，管理者就面临对与对的冲突的第二种基本类型。

　　我们来看一个典型案例。35岁的经理彼得·阿达里奥主管电脑产品分销商塞耶麦克沃德（Sayer MicroWorld）的市场部。他已婚且育有三子，作为一名成功的营销员和分公司经理度过了自己大半的职业生涯。他急切地接受了现在的职位，因为这可以提高管理能力。阿达里奥手下有三名高级经理，共同管理市场部的另外50人。阿达里奥的上司是公司总部四位副总裁之一。

　　阿达里奥的困境源于手下三名高级经理之一丽莎·沃尔特斯与其手下的凯瑟琳·麦克尼尔之间的冲突。沃尔特斯希望公司解雇麦克尼尔。阿达里奥必须决定是否要这样做。

现年37岁的麦克尼尔在公司工作了四个月，是专门负责IBM电脑的产品经理。她很适合这个职位，因为曾在IBM的市场营销部干了八年。在塞耶麦克沃德，麦克尼尔主管从IBM采购个人电脑。她和两个助手每月经手的产品价值高达4000万美元。她们的工作主要包括与IBM的日常联系、为零售商协商定价和交货日期、与在零售店销售IBM产品的塞耶麦克沃德销售员沟通、发布问题或产品更改声明以及每周为公司总部分析IBM产品线的具体状况。

麦克尼尔的上司是丽莎·沃尔特斯，一名即将迈入而立之年的单身女性。沃尔特斯在麦克尼尔进公司前的两年里负责IBM产品线，工作异常出色，总能在最后期限前完成任务，也会积极主动地去推广该产品线。

丽莎·沃尔特斯的工作时间比大多数同事都长，她从不午休，也很少在晚上八点前离开办公室。她那严肃、直率的性格让阿达里奥十分赞赏，但有时也会令他火冒三丈。尽管如此，他仍然十分尊重沃尔特斯对待职业的高标准，也知道自己可以无条件信赖她，无论什么困难她都能克服。两年前，当一个高级经理职位空缺时，阿达里奥立即推荐了沃尔特斯。担任该职位以后，她的一贯表现都很出色。

沃尔特斯想解雇麦克尼尔，因为麦克尼尔无法如期完成工作。麦克尼尔是一位模范母亲，一个人抚养着六岁的孩子，前夫既不给赡养费也不帮忙照顾孩子。沃尔特斯觉得，麦克尼尔对家庭的责任导致了其工作上的问题。沃尔特斯对此感到懊丧和烦躁。

阿达里奥认为，沃尔特斯和麦克尼尔之间的冲突加剧与充满激情的公司氛围有关，因为人人都在努力工作。电脑零售是一个利润率低、竞争激烈的行业。塞耶麦克沃德公司的策略主要是依靠与一家最近收购的竞争对手完成合并，并偿还合并所需的债务。在这些压力下，每天工作10～12小时就是普遍现象了。阿达里奥部门的大多数员工都20多岁，未婚，因此长时间的工作并没有引发工作与家庭的冲突。

阿达里奥当时并没有太在意沃尔特斯的担忧。第二天早上，他在要处理的文件堆上第一眼就发现了一张她手写的便条，这是几周以来的第二张。两张便条都抱怨麦克尼尔的工作时间，也都提到要辞退她。阿达里奥意识到，除非他出手干预，否则沃尔特斯和麦克尼尔之间的冲突很难结束。他本打算尽快采取行动，但是在两方的不断拉扯下犹豫不决。

一方面，尽管麦克尼尔每周工作 60 小时，但她并不算尽职尽责。其他人（包括阿达里奥在内）工作的时间更长。此外，由于合并、债务，再加上电脑零售业的性质，人们根本无法松懈。麦克尼尔在 IBM 这个重要客户上的工作明显落后于计划，而且她与沃尔特斯的关系也严重恶化了。阿达里奥想了想以后的工作情况，觉得沃尔特斯的建议比较中肯。他倾向于找一个能替代麦克尼尔的人，然后辞退她。

但另一方面，阿达里奥对这种做法持严重保留态度。塞耶麦克沃德的高管好几次都表示，他们想创建一个"家庭友好"的工作场所，而且总部的一个工作小组正在研究如何具体执行。阿达里奥将凯瑟琳·麦克尼尔的情况视为一个好机会，可以据此做一些切实可行的事情。他并不觉得自己是一名十字军战士或改革者，但他相信，人们只有生活无忧才会更好地完成工作。

阿达里奥的个人经历强化了这种职业信念。和麦克尼尔一样，他几乎很难见到自己的家人。因为两个不同雇主制定的僵化的工作日程，他的妻子苦苦挣扎之后不得不放弃了会计的工作，当时他们的第二个孩子才刚刚出生。此外，阿达里奥的隔壁邻居在三年前公司进行重组后被解雇了，尽管他很快找到了另一份工作，但他的自尊心和信心都受到了极大的打击。最重要的是，阿达里奥认为辞退某人这个行为不妥当，尤其辞退的还是一位工作上非常努力、生活中全心全意照顾孩子的单亲家长。

彼得·阿达里奥面临的对与对的冲突有何独特之处呢？如果我们把他的烦恼与史蒂夫·刘易斯的困境进行比较，答案就很清楚了。我们可以注意到两者之间的一个重要区别在于管理者的权力和责任范围。刘易斯的主要责任只局限于自己以及与自己直接相关的一部分人。但像阿达里奥这样的管理者还得对其他人的人生负责。

此外，史蒂夫·刘易斯的困境引发了一些涉及个人的基本问题，如：我是谁？我代表什么？而彼得·阿达里奥的烦恼则提出了关于组织的基本问题：我们是谁？我们代表什么？我们合作、共处是基于何种原则与价值观？作为人类组织的一部分，我们如何定义自己？

这些关于组织的问题并不能取代史蒂夫·刘易斯面临的道德认同和个人诚信问题，反而与之紧密交织在一起。如果阿达里奥支持沃尔特斯解雇麦克尼尔的建议，那么他将对一套特定的价值观做出承诺：为塞耶麦克沃德股东和客户的利益服务，维护公司员工的权益，不偏不倚地期望团队中每个人都做出同样的贡献。但这样的话，他也违背甚至否认了自己对麦克尼尔和她的儿子等弱势群体的个人和职业承诺，那么他的行为与其他老板对他的妻子和邻居所做的别无二致。

阿达里奥的决定所带来的影响不会仅仅停留在个人层面，其影响将波及甚广。手下的员工会留心观察并解读他的决定——了解他的价值观是什么，他们能在多大程度上信任他，以及如果他们想大展宏图该如何行事。阿达里奥的选择将彰显游戏规则，并在他领导的这个人类小团体中明确公平的定义。公平意味着每个人都必须付出同样的努力吗？还是说，公平意味着管理者应该考虑到敬业员工合法的个人需求？

阿达里奥和像他这样的管理者真可谓是"中间的管理者"。[1]他们在两方的拉扯中左右为难，一边是老板、同事和下属，另一边是个人的承诺和价值观。他们往往"没有老板的权力"，只有"老板的责任"，承担着艰难决策的重担。他们中的大多数都承受着巨大的压力，要实现公司高管向股东承诺的利润。同时，重组与整合又可能让他们丢掉这份工作。

他们面临的对与对的冲突与史蒂夫·刘易斯等人遭遇的早期职业问题之间的另一个区别也就在于这些压力。有时人们会建议年轻的管理者们把六个月的薪水存起来作为保障基本生存的安全资金，在忍无可忍的时候可以大吼一声"去你的吧！"。理论上，这笔钱能够保障他们在辞掉那份糟糕的工作后从容地再找到一份好工作。但对像阿达里奥这样的管理者来说，事情则更加复杂，因为他们在另一种层面上也处于"中间"状态。他们通常在人生道路上走得很好——有家庭，有房贷，有工作关系，有特定工作领域的专业知识。他们几乎不会与老板起争执，然后气冲冲地夺门而出。无论多么困难，他们都别无选择，只能继续前进，至少在短期内是这样。

对与对的冲突迫使处于中间的管理者做出选择。在后面的章节中我们会回到彼得·阿达里奥面临的问题，我们会发现他既不可能"什么都不做"，也不可能"辞职"。他必须抉择，承担起对自己与对部门的责任。正是这种对与对的冲突让切斯特·巴纳德提醒人们注意管理者可能面临的道德泯灭风险，也正是这种对与对的冲突让切斯特·巴纳德深深钦佩那些找到切实可行、认真负责的方法来解决困境的人。

协商伦理

第三种对与对的冲突是最复杂的，也最具挑战性。在这种状况下，管理者对自己及与自己密切相关的小群体负有个人责任，正如史蒂夫·刘易斯那样。他们也像彼得·阿达里奥一样，还得对他人的人生负责，有时甚至要对整个组织负责。但第三种对与对的冲突涉及的是公司与社会其他群体的共同责任。

从经典定义来看，公司是一个独立的经济单位，更巧妙的说法是，公司是"在市场关系的海洋中由管理控制的孤岛"。[2] 但这种观点早就过时了，只会出现在经济学入门书中。实际上，大多数公司现在都处在不断发展的关系网络中。战略联盟将企业与其客户和供应商联系起来，有时还会与工会、政府、大学实验室甚至竞争对手联系起来。许多公司还与媒体、政府监管机构、当地社区及各种利益集团有着千丝万缕的关联。

这些关系网络也是管理责任网络。总之，一家公司的商业伙伴和利益相关者拥有广泛的合法诉求，但没有一家公司能够满足所有的这些诉求。对某些群体的义务往往与对其他群体的义务相冲突。利益相关者的责任有时还与管理者的个人和组织义务相违背。此时，管理者就面临第三种对与对的冲突。

自 1988 年以来，这种冲突的一个令人印象深刻的例子在制药行业中被反复提及。法国有一家中型制药公司名为罗塞尔 – 尤克拉夫（Roussel-Uclaf），它的年销售额不到 20 亿美元。1988 年年底，该公司的高级管理层不得不决定在哪里以及如何销售一种名为米非司酮（RU 486）的新药。早期测试表明，该药物在怀孕五周内造成流产的概率为 90% ～ 95%。这种药物后来被称为"法国堕胎药"，罗塞尔 – 尤克拉夫公司及其管理者进而深陷堕胎争议的旋涡之中。

罗塞尔 – 尤克拉夫公司董事长爱德华·萨基兹（Edouard Sakiz）是一名医生，长期与 RU 486 打交道。他将对是否把该药物投放市场最终拍板。萨基兹在其职业生涯的早期（那时他是药物研究员），曾为研发构成 RU 486 的化合物贡献了自己的力量。他坚信，这种药物可以帮助成千上万的妇女，特别是贫穷国家的妇女，避免因堕胎而受伤或死亡。他认为，在发达国家，RU 486 将为妇女和医生提供一种重要的替代手术堕胎的方法。

但萨基兹不能仅仅基于个人价值观就决定是否将

RU 486 投放市场。作为公司的负责人，他还有其他重要的义务。他得对股东负责，而从这个角度来看，RU 486 牵涉的问题十分严重。该药物的收益可能相当少，尤其是在刚推出的几年内。而在此期间，反堕胎组织将发起国际联合抗议，抵制罗塞尔 - 尤克拉夫及其最大股东德国化工巨头赫斯特（Hoechst）公司生产的产品。抵制成功的话，两家公司的损失将会远远超过从 RU 486 获得的收益。最坏的情况是，这种抵制可能致使罗塞尔 - 尤克拉夫公司破产，因为相对而言该公司本来就利润微薄，规模也不大。

与任何高管一样，萨基兹也对公司的员工负有责任。他必须评估针对公司及其员工的暴力威胁的严重性。同时，萨基兹关于 RU 486 的决定将彰显罗塞尔 - 尤克拉夫公司的基本价值观。事态十分严峻，因为员工对这种药物的意见分歧很大。一些人斗志高昂积极推动 RU 486 上市，另一些人则出于道德原因或担心抗议和抵制会损害公司及其他产品而出面反对。萨基兹知道，关于产品和公司责任的争论正在削弱员工的士气，浪费大量时间。他也知道，自己的决定将明确罗塞尔 - 尤克拉夫公司的最终立场。

因此，在个人层面上萨基兹面临"我是谁？"的问题。他到底先是医生、科研人员、妇女权利倡导者，还是对股东和员工负有责任的公司高管？此外，他在 RU 486 上的抉择将使公司遵循某些价值观，放弃另一些价值观，从而对组织层面上的"我们是谁？"的问题做出答复。

摆在萨基兹面前的关于个人和组织的问题非常棘手。如果将 RU 486 投放市场，那么他将背负起更多的责任和使命，它们源于罗塞尔－尤克拉夫公司外的各种重要团体和机构。法国政府是关键利益相关者之一，它拥有罗塞尔－尤克拉夫公司 36% 的股份。法国卫生部对公司进行的严格监管也影响了公司的商业机会。法国政府支持投放 RU 486，一方面是出于保障妇女权利的考虑，另一方面则考虑到了低侵入性医疗程序的价值，以及用药物代替手术能够降低国家医疗成本。

另一个关键利益相关者是赫斯特公司，它拥有罗塞尔－尤克拉夫公司 55% 的股份，它对此事也提出了强烈的伦理诉求。赫斯特公司董事长是一位虔诚的罗马天主教徒，出于伦理原因反对堕胎，并多次在公开场合表明自己的立场。此外，赫斯特还发布了一份使命声明，承诺公司为实现崇高目标而努力；这份声明也算是一种回应，解释了公司当年在生产氰化氢（Zyklon B）的过程中所起的作用，这种化合物后来被纳粹分子在奥斯威辛集中营的毒气室中使用。（反堕胎抗议者们并未遗忘这段历史，一些抗议者在罗塞尔－尤克拉夫公司外游行，高举海报，上面写着"RU 486 让妇女的子宫变成了死亡囚室"。）

东方某些国家也牵扯到本次事件之中，它们希望通过RU 486 进行人口控制，以避免人口激增带来的贫困与饥饿。

罗塞尔－尤克拉夫公司与其他团体机构的复杂关系和责任给公司和萨基兹提出了十分棘手的问题。公司对女性的义务到底是什么？对帮助开发构成 RU 486 的类固醇分子的政府实验室呢？对大型医疗研究机构呢？未出生的孩子是利益相关者吗？公司能否在东西方都投放这种药物？

在后面的章节中，我们将会回顾萨基兹的难题。目前重要的是要注意将其与史蒂夫·刘易斯和彼得·阿达里奥面临的问题进行比较。一方面，萨基兹的困境明显与他们的情况相似。他必须做出一个决定，他的个人品格和道德认同以直接而有力的方式影响着这个决定。在萨基兹的案例中，个人问题牵涉甚广，不仅关乎堕胎的伦理性，也关乎他作为一个人、一名高管、一位医生和医学研究人员的责任。萨基兹的决定也类似彼得·阿达里奥的选择，在这两个案例中，他们的做法都将彰显各自公司重要的价值观。

另一方面，萨基兹的情况与其他两人的情况有着明显的区别。他对 RU 486 的决定将确定公司在社会中的角色及其与股东的关系。公司被两方不断拉扯着，一方是重要的机构，另一方是强大的集团。双方都对 RU 486 有明确的伦理立场。有些人希望罗塞尔－尤克拉夫公司放弃 RU 486。有些人则希望 RU 486 尽快在世界各地上市。还有一些人主张将投放市场的步伐放缓，先从发达国家开始投放，因为发达国家有健全的医疗基础设施来应对新药可能出现的意料之外的副作用。

萨基兹无法满足所有要求。与其他两个案例一样，对与对发生了碰撞。然而，与那两个案例不同的是，在本案例中 RU 486 涉及的责任与关系甚广，涉及萨基兹公司以外的各相关方。因此，这种对与对的冲突有一个鲜明的特点，即公司及其管理者不能单方面解决问题。

当决策的权力被拆分，在长时间的巧取、操纵，有时是攻击与反击等各种手段的推动下，对与对问题的最终解决方案终于成形了。一家公司的责任、在社会中的角色以及与股东的关系，不会也不可能只在其管理者的内部讨论中就能决定。这些议题必须与股东协商，而这项任务通常会落在公司的高级管理人员身上，正如 RU 486 案例中所表现的那样。

这项任务的艰巨性可能会被协商、股东、战略盟友等温和的词所掩盖。但事实上，管理者有时必须与立场对立、实力雄厚的各种团体交涉与抗衡，因为有一些利益相关者（比如 RU 486 案例中的反堕胎团体）希望终止公司的计划。这就引发了一系列新问题，包括管理和道德问题。例如，管理者应该在什么时候还以颜色？怎么做才是最有效和最负责任的？

对与对问题的复杂性随着诸如 RU 486 之类问题的出现而升级至最高水平。这些情况在管理上的挑战相当于三维国际象棋。普通的国际象棋就已经足够难了，而这场比赛是在三个棋盘上进行的，一个叠着一个。玩家可以在任何一个棋盘上走棋与进攻，因此任何一个棋盘上的任何局势都不可避免地会影响到另外两个。当对与对问题涉及管理者的个人、组织和社会责任时，他们就面临类似的复杂难解的局面。

因此，萨基兹的困境是史蒂夫·刘易斯和彼得·阿达里奥所面临问题的最复杂的版本。在这三种情况下，管理者的某些职责互相冲突。利害关系重大，却没有退路——管理者必须决定、选择、承诺、行动。做正确的事务必会舍弃其他。每一种情况都印证了萨特笔下那个资深政治领袖的观点：在生活中负有真正责任的人们是无法避免"肮脏的手"这种情况出现的。

不过，也许萨特太悲观了。也许这些问题并没有那么严重。只要一个人去对的地方寻找，他就有可能找到奥利弗·温德尔·霍姆斯所追求的——"超越复杂深层的简单"。也许管理者可以依靠法律、基本的伦理原则或精心制定的公司使命宣言和道德方针来尽力解决这些道德冲突。也许管理者应该只依靠自己的道德本能和直觉，在自己问心无愧的情况下采取一系列行动。

宏大原则的无效性

我们来回顾一下史蒂夫·刘易斯猛摔抽屉后问的那个问题：为什么圣路易斯之行如此重要？和几乎所有人一样，刘易斯从小就学会了明辨是非，他也非常想做正确的事情。那么发生了什么？他为什么如此沮丧？

史蒂夫·刘易斯、彼得·阿达里奥和爱德华·萨基兹至少可以从三种渠道获得所需要的道德指南，即各自公司的使命宣言和道德方针、法律责任以及传统伦理道德基本原则。

例如，萨基兹本可以向自己就职的罗塞尔－尤克拉夫公司及其股东赫斯特公司求助，以帮助自己在 RU 486

问题上做出决定。两个公司都曾发布宣言，陈述各自的使命和价值观。由于制药公司和化工公司尤为注重社会责任问题，因此萨基兹完全可以指望这些宣言文件能帮他做出决定。

在做出关于凯瑟琳·麦克尼尔的决定时，如果彼得·阿达里奥问问律师他应该遵循什么样的法律原则的话，那么很有可能，律师既会提醒他管理者有为股东利益服务的义务，也会告知他关于歧视和雇员权利的基本的法律法规。显而易见，律师的建议肯定会为彼得的决定提供可靠的依据。

最后，如果史蒂夫·刘易斯曾在大学学习过哲学，那他对约翰·斯图亚特·穆勒和伊曼努尔·康德的哲学思想就会有所了解。这两位都是学识渊博的思想家，开创了两种最著名的伦理理论。19世纪英国哲学家和社会改革家穆勒认为，解决伦理问题有一个客观、普遍的原则。简单地说，这个原则就是选择那条能给最多人带来最大幸福的行动路线。⊖

⊖ 虽然个人的阐释不尽相同，但哲学家们都认为，穆勒是一个规则功利主义者，而非行为功利主义者。也就是说，穆勒认为幸福最大化的基本原则确保了中级的权利、义务和其他伦理规则的正当性。反过来，这些伦理规则可用于指导具体行动。与之相对的是，行为功利主义者则跳过了中级的各种规则，并根据每种行为对幸福总量的影响来进行判断。

18 世纪德国哲学家康德指出，如果行为符合道德法则且行为人是为了履行自己的职责而采取该行为，那么该行为在道德上就是正确的。在史蒂夫·刘易斯的案例中，这样的职责包括实话实说、信守诺言和尊重他人的权利。因此，如果康德还在，那么他给刘易斯的建议应该就是履行自己的职责，而穆勒给的建议则应该是为最多数的人做最好的事。

所有这些公司的、法律和哲学上的原则都需要仔细审视。但即使是寥寥几句的描述也表明了为什么它们对那些必须做出艰难的实际决策的人如此有吸引力：总体原则似乎为其提供了解决难题的清楚且直接的方法。

然而遗憾的是，当管理者面临对与对的困境时，这些原则几乎没有提供任何帮助或安慰。原则过于笼统，往往浮于问题之上，而且经常互相矛盾，把难解的结拉得越来越紧，而不是慢慢解开。最重要的是，在怎么做都对的情况下，决定性因素往往基于现实和个人考量。一个人必须完全沉浸在一个情境中，并且必须知道自己是谁，才能决定该做什么。

要理解为什么管理者无法在对与对的冲突中参考这些宏大原则，最好的方法是仔细审视这些宏大原则，并在他们面临刘易斯、阿达里奥和萨基兹等人的困境时，评估这些原则发挥的作用与价值。

公司信条与使命宣言

在过去 20 年中，许多公司引入了使命宣言、信条及类似的承担责任的决策指南。使命宣言通常会提及崇高的原则，并强调公司致力于完成重要的社会使命。例如，史蒂夫·乔布斯将苹果电脑的使命描述成"为推动人类进步的思维制造工具，为这个世界做出贡献"。通常情况下，一家公司会通过编写信条和行为准则，将类似的基本承诺转化为更具体的表达。[1]

强生公司的信条广为人知，备受尊重。该信条规定公司有四项责任。首先是对"医生、护士和患者、父母以及其他所有使用我们产品和服务的人"的责任。为履行这项责任，公司致力于提高质量、控制成本及采取其他必要措施。公司的其他责任按照重要性依次为对员工的责任、对业务所在社区的责任，以及对公司向其承诺过实现"合理收益"的股东的责任。

如果在做出关于 RU 486 的决定时参考了赫斯特和罗

塞尔－尤克拉夫的公司信条，那爱德华·萨基兹会不会明白些什么？我们可以设想一下，他可能会一边搜索这些信条以做参考，一边又不断回想自己的困境。

与其他同类公司一样，赫斯特公司的信条明确了公司的基本目标和价值观。例如，该公司将成为"目标市场公认的领导者"。但与堕胎相关的产品是否有目标市场？在赫斯特公司的使命宣言中，其管理层的目标是"不断提升公司的长期价值"。在该目标的统领下，RU 486 投放市场之事就可能会被搁置，因为对它的抵制可能会损害公司利润。但该使命宣言还承诺，该公司将开发"满足人们基本需求、提高生活质量，同时保障和改善生活水平"的产品。这一目标的措辞相当笼统，却值得人们关注，因为这很容易被理解为是对 RU 486 的认可与支持。

鉴于那些说辞含混不清，因此关键的问题就成了谁有权做出关于 RU 486 的决定。对于这个问题使命宣言给出的答案也非常隐晦，"我们运营的方式为分权管理，每家企业都可以在我们的价值观内自由发展"。那他们的价值观是什么？此时，萨基兹定会陷入左右为难的境地。难道他需要回看使命宣言的开头，然后尝试着更仔细地解读它所表达的价值观才行？

罗塞尔－尤克拉夫公司也有自己的信条。糟糕的是，它的信条比赫斯特公司的更令人困惑。该信条让公司致力于实现诸多崇高目标：鼓励合作与创新，促进成果转化与前瞻性规划，适应重大科学、技术和社会变革。这些目标没有问题，但另一个目标对 RU 486 一事拉响了警报，该目标要求公司"将精力、想法和奉献精神投入到为生命服务之中"。

该目标的一个显而易见的问题就是过于空洞。在这种极其笼统的表述下，"生命"是什么意思？是说该公司明确表示它不致力于"死亡"吗？还有一个更为严重的问题是，在堕胎问题引发广泛讨论的背景下，"生命"指的是什么？是母亲的生命，还是胎儿的生命，抑或是未出世的孩子的生命？对生命的广泛支持在寻求对 RU 486 的实际可行建议方面毫无价值。

以上困境反映出依靠公司信条和使命宣言解决对与对的冲突的两个根本问题：一个是这些说法过于含混不清。例如，一位商学院教授定期要求管理者们在便笺上写下自己公司的使命宣言，然后他把这些便笺都放在一个鞋盒里，随便挑一张，问这是谁的。教授说："毫无疑问肯定有五六只手会举起来，航空公司、制药公司和管道供应制造商的管理者都会说这是自己公司的宣言。"[2]

　　含混不清的原因有很多。大多数公司（如罗塞尔－尤克拉夫和赫斯特）的信条和使命宣言，都非常简短，但统领的内容却又极其丰富。它们无法成为多种复杂情况的指南。没有任何一个简短的宣言可以。

　　造成宣言含混不清的另一个原因是，公司未经思考就将其凑在一起，作为处理公共关系的指南或公司聚会上的灵感来源。这些宣言的作用类似在体育赛事前奏国歌。这些努力充其量就像美国作家 H. L. 门肯（H. L. Mencken）为卡尔文·柯立芝（Calvin Coolidge）所写的墓志铭："他没有伤害过别人，也不是一个讨厌的人。"更有可能的是，纯粹心灵鸡汤式的说法会滋生愤世嫉俗的情绪，因为员工们会意识到，自己公司的信条毫无实际用处，只能挂在行政办公室的墙上做装饰。

　　善意和努力无法弥补这些宣言的含混不清。它们甚至会影响到那些在伦理道德方面做了很多工作的公司。它们想要把极其复杂的事情简单化，这是根本不可能完成的任务。例如，许多公司的信条都倡导公平。但什么是公平？用一两个精雕细琢的词就能表达出来吗？我的一位同事曾经要求一群有经验的管理者给公平下定义。在漫长而激烈的讨论后，管理者们根据自己的经验给出了七八种不同的定义，包括服从游戏规则，遵守基本道德，平等对待每个人、不偏袒他人，推己及人，注重个人的需求，为每个人提供平等的机会，为弱势群体创造公平的竞争环境。

这些定义都体现了公平的一个重要方面，也都具有伦理意义，但它们具有不同的特点。公平与人类其他的基本价值观一样，不能用一句话来定义，这便注定了公司信条的含混与空洞。[3]

许多睿智的高管试图改善信条与宣言含混不清的状况——60% 的美国公司现在有详细的行为准则，旨在将公司的基本价值观呈现为具体的表述。1/3 的美国公司有道德培训项目或道德官员。[4] 其中的许多公司如今正与律师事务所和公共会计师事务所通力合作，以促使这些道德培训项目能有显著的效果。但在对与对的冲突上，这些较为全面的道德培训项目也作用不大。

这些道德培训项目不存在含混不清的问题，但其给出的措施主要集中在处理行为不端和违法举动（如偷窃、受贿、性骚扰、伪造文件）等问题上。事实上，最近的多种做法都是参照了 1991 年版的《美国联邦组织量刑指南》

（U.S. Federal Sentencing Guidelines for Organizations）。这些道德培训项目也仅仅处理对与错的问题，但史蒂夫·刘易斯、彼得·阿达里奥和爱德华·萨基兹则挣扎在对与对的冲突中，和违法行为毫无关系。

对他们及其他面临责任冲突的管理者们来说，另一个问题是如何定义公平、"生命"与其他基本价值观。这可不是刻在公司镇纸上或印在海报上的短短几句心灵鸡汤式的话就能解释的。这些管理者们需要行动上的指导——在时间、预算和不确定性的无情挤压下，解决复杂两难问题的具体方法。在他们看来，公司的信条和使命宣言似乎是美国哲学家、心理学家威廉·詹姆斯所称的"哲学教授的世界"的产物，只存在于"简单、高尚、纯洁"之处，"那里没有现实生活中的各种矛盾，那里的建筑古朴典雅……一派尊贵与无瑕，仿若一座全由大理石筑就的寺庙，在高耸的山岗上闪闪发光"。[5]

在大多数情况下，信条、使命宣言和道德培训项目都是精心制定的，也传达出了真情实意，令人赞叹。它们可以帮助管理者辨别职场中的是非。但对面临对与对冲突的管理者来说，那些信条和使命宣言通常华而不实，就好像站在码头上的人向在下方 20 英尺⊖的水中挣扎的求救者抛出的一条 3 英尺长的华丽编织绳。

法律义务

也许解决之道是无须在信条和使命宣言中加载过多的责任，而是要对日常管理中的道德问题再进一步深入挖掘，寻求更确定的处置办法。

比如商业法就是一种好选择。当然，法律不仅仅是一套规则和惩罚系统。在民主制度中，它表达的是社会的政治和道德判断。在英美法系传统中，公司法在无数案件判决、数十项重要立法以及高等法院对基本原则的解释中，历经了数个世纪的演变。而这也让商业法解决问题的可能性大大增加。它为企业管理者明确了道德责任：履行其基本法律义务。

这些基本法律义务是什么？此时，一个清晰、明确的答案似乎唾手可得。最近一个最有名的说法出现在《纽约时报》1970 年的一篇文章中。它的标题概括了基本主题——"企业的社会责任是增加利润"。在文章中，作者

⊖　1 英尺 = 0.3048 米。

诺贝尔经济学奖得主米尔顿·弗里德曼写道：

> 在一个财产私有的自由企业制度中，企业管
> 理者是企业所有者的雇员，对其负有直接责任。
> 企业管理者必须按照企业所有者的要求开展业务，
> 在遵守社会基本规则（包括法律和道德习俗）的
> 同时尽可能多地赚钱。[6]

这种对管理者职责的定义似乎向彼得·阿达里奥这样的人发出了明确的行进指令。在决定是否找人替换凯瑟琳·麦克尼尔时，他主要应该考虑的是在遵守法律的前提下，怎么做才能使公司的利益最大化。一眼看上去，这一原则似乎给出了清楚、明确甚至可以量化的标准。但正如许多第一印象那样，这一眼也具有欺骗性。

阿达里奥解雇凯瑟琳·麦克尼尔完全合乎就业法与反歧视法的规定。凯瑟琳·麦克尼尔接受塞耶麦克沃德的工作时，她就签署了一份雇佣合同，里面规定"无论员工还是公司，都可以随时以任何理由终止雇佣关系"。但有一种例外情况，也就是涉及所谓的公共政策的事件，例如员工因履行陪审团成员的职责而缺席，则不能被解雇。凯瑟琳·麦克尼尔的情况并未涉及公共政策。简而言之，根据

法律，阿达里奥可以解雇麦克尼尔，但法律却没帮他下定决心是否这样做。

弗里德曼引用的资本主义宏大原则也让阿达里奥失望：它过于笼统，无法提供实际指导。为什么这么说呢？我们先假设阿达里奥全心全意接受这一原则，并承诺要实现利润最大化。但这对他解决问题帮助甚微。一个比麦克尼尔工作时间更长、工作质量相同的替代者的确会提高收益，但这一收益在抵消寻找和培训替代者的成本以及麦克尼尔的遣散费之后，还有多少剩余呢？在短期内，士气和生产力可能都会提高，因为员工会停止对麦克尼尔享受特殊待遇的抱怨。但能提高多少？从长远来看，继续塞耶麦克沃德这样高强度、频繁入职离职的人事实践要付出多大代价？像凯瑟琳·麦克尼尔这样的人才不能在塞耶麦克沃德工作，公司劳动力储备就会下降，这个代价又有多大？家庭友好型工作措施对公司收益有多大贡献？如果不在短期内始终向前冲刺，那么长久来看塞耶麦克沃德还能有立足之处吗？

这些只是阿达里奥在弄清解雇凯瑟琳·麦克尼尔将如何影响部门利润时面临的诸多实际问题中的一部分。我们必须结合阿达里奥的实际情况，设身处地地想一想具有可行性的操作办法。援引利益最大化的宏大原则几乎毫无用处。阿达里奥与塞耶麦克沃德公司的其他人一样，完全清楚利润至关重要。

资本主义宏大原则实际上可能存在更为深层的问题。"股东利润最大化"不过是一个极其简单的口号，无法充分体现催生了现代资本主义的庞杂而繁复的法律与思想传统。如果阿达里奥从这些传统中寻求指导，他可能会获得启发。但他也可能会感到困惑，因为获得的启发与自己应做之事可能互相矛盾。

无数律师、经济学家、哲学家和深思熟虑的商业管理者几十年来在一个重要问题上争论不休。这个问题的精髓可以从一篇文章的精雕细琢的标题中窥见一斑。埃德温·梅里克·多德（Edwin Merrick Dodd）曾在《哈佛法律评论》上发表过一篇经典文章，标题是一个表面上很简单的问题："公司管理者是谁的受托人？"[7]值得注意的是，多德的这篇文章虽然写于半个多世纪前的1932年，但人们对它提出的问题至今仍未达成共识。时代改变了，这个问题的范围也随之改变了。正如多德所言，管理者是受托人，既有社会责任，也有营利义务。如今争论的焦点是管理者应该对股东负责还是应该对所有利益相关者负责。

这些问题并非发生在远离世俗的象牙塔之内，而是出现在收购战、裁员以及在海外开设工厂等一系列关乎实际的决定中。到 20 世纪 90 年代初，美国已有 29 个州通过了所谓的公司选区法，允许公司在做出重大决策时考虑非股东利益。

对于彼得·阿达里奥这样的管理者而言，这些问题会导致什么样的后果呢？如果阿达里奥与股东立场相同，那他就得为塞耶麦克沃德公司的所有者赚取最大的利润。这很可能就意味着要解雇凯瑟琳·麦克尼尔。如果他站在利益相关者一边，那他则必须为麦克尼尔甚至她儿子谋求福利。这可能就意味着降低公司利润，保住她的工作。

管理者究竟应该如何平衡相互冲突的利益相关者的利益，关于这个问题的各种论述如今已然成为无益的空谈。例如，在美国法律研究所（American Law Institute）的支持下，几位经验丰富的律师最近联合发表了一篇关于公司目标的报告。报告指出，公司的基本目标是"提高利润和股东收益"。这种表述听起来清晰明了。但报告接着用了好几页的篇幅对此加以限制、解释与说明，让人不得不将刚才那简短清晰的表述抛诸脑后。例如，鼓励管理者考虑道德因素，只要这些因素"可合理地视为适合负责任的商业行为"。[8] 但什么算"合理"呢？什么是"负责任"呢？这些词与"公平"一样笼统又毫无帮助。

只有在远离管理者日常工作的压力和挑战时，这些难题的答案才会逐渐变得清晰起来。的确，进行学术研究的经济学家们就对这些难题有着清晰的认识，比如米尔顿·弗里德曼，虽然他的管理经验只涉及监管秘书或研究团队。具有讽刺意味的是，这些经济学家通常拥有或有志于追求高校里的终身任期，因为这会把他们从对彼得·阿达里奥等管理者及其他人倡导的市场压力中解放出来。

大多数管理者都不接受过分简单化的答案。最近的一项研究发现，美国的大多数高管都认为自己的基本职责是维护公司的长期健康与活力，同时履行对利益相关者的义务。但这些高管没办法平衡多重职责与义务。[9] 如果他们向司法机构寻求帮助，他们会发现法官正忙着解释新制定的公司选区法，而这一过程将持续好几年。非股东的利益是什么，何时及如何考虑其利益，仍然是亟待阐释与探讨的问题。[10]

简而言之，如果彼得·阿达里奥认真思考资本主义的宏大原则以寻求困境的解决之道，那么他肯定只会学到一件事：关于管理者的基本法律职责和道德义务的争论远未结束。他越想弄清楚自己的职责，就会越纠结。

道德机器

也许我们得在公司信条和法律义务之外进一步深入挖掘答案，也许我们得转向一些基本的哲学原则。它们或许可以帮助管理者理解公司的使命宣言，权衡他们对不同利益相关者的义务，并解决对与对的冲突。

这种方法历史悠久，别具特色。几个世纪以来，哲学家、神学家和其他思想家一直渴望找到一个基本、普遍且客观的标准，以解决棘手的伦理问题。当代哲学家阿拉斯代尔·麦金太尔将这一努力称为"启蒙计划"。[11] 这一努力始于三个世纪前的欧洲，期望依靠理性来理解人性与物质世界。

哲学家们在伦理方面的目标也极具雄心。他们试图为道德找到一套合理的统领性原则，完全独立于宗教、传统、文化或个人信仰之外。有些人将这一尝试描述为寻求以超凡的"上帝之眼"的视角来思考伦理问题，而非从片面、主观、过于人性化的视角来思考。[12]

如果这些哲学家能成功，那结果将不同凡响。若真找到伦理的统领性原则，那它就可以充当道德机器。人们将其放置在传送带的末端，再把自己的道德问题放上去。一阵叮当声之后，机器就会给出答案。如此一来，这些原则就可以帮助史蒂夫·刘易斯这样的人，对他觉得有义务做的各种"正确"的事情进行排序，然后他就知道自己是否应该去圣路易斯参加演示了。彼得·阿达里奥也会明白自己该如何处理丽莎·沃尔特斯和凯瑟琳·麦克尼尔两人的事情。爱德华·萨基兹也会领悟到如何以最负责任的方式将 RU 486 投放市场。

当然，道德机器的概念是一种讽刺。很少有哲学家认为他们的原则应该以僵化的、机械的方式应用到问题上。没有人声称自己拥有解决生活问题的通用工具。然而，道德机器的概念传达出这种实际伦理问题解决之道的一个基本特征——它的目标是找到一个普遍、客观的原则来解决棘手的伦理问题。

启蒙计划未能实现这一目标。相反，它催生了几种不同的伦理理论。每种理论都声称自己是客观而普遍的，并且在根本上都与其他理论互相矛盾。在谈及令人沮丧的后果时，麦金太尔这样说道："当代道德话语最显著的特点是太多的道德话语被用来表达分歧，而表达这些分歧的争论最显著的特征是无休无止。"[13] 因此，进入相互矛盾的伦理理论的学术领域，并不会对管理者应对所面临的对与对的两难境地有多大的帮助。

我们来看看当代道德哲学家最喜欢的谜题之一。佩德罗走进一个村庄，发现吉姆挟持了 20 个人做人质。吉姆说自己会杀光所有人质，除非佩德罗拿枪打死其中一名人质。所有人质都很无辜。佩德罗该怎么办？

约翰·斯图亚特·穆勒的功利主义伦理的基本原则可以粗略概述为做任何能为最多的人带来最大利益的事。这是以结果为导向的伦理观。它让佩德罗杀害一名人质，因为如果他这样做了，剩下的人质就能活下去。

康德的义务论伦理的基本原则可概述为要求人们履行道德义务。这让佩德罗明白，自己的义务是尊重无辜者的生命权。道德禁止他杀害人质。但是，接下来吉姆却将杀光 20 名无辜的人质。

简而言之，道德哲学中两个最重要的宏大原则在佩德罗迫切的现实问题上给出了互相矛盾的答案。的确，两者都通过切中要害、揭示基本的道德权衡的方式来厘清问题。但与此同时，也加剧了问题的困难程度，在"什么是正确的事"上两者意见相左，从而让问题更加棘手。这个问题并不局限于像吉姆和佩德罗这样的极端案例。在许多对与对的困境中，以结果为导向的道德观与以权利和义务为中心的道德观都是互相冲突的。我们可以来看看哈里·S.杜鲁门总统决定对日本发动核战争的重要时刻。就后果而言，核武器的使用可能更快地结束战争，因此也会挽救可能在交战中丧生的数十万美国人和日本人。与此同时，核弹会让成千上万名无辜的婴童死去，也会让活下来的人永远伤痕累累。以结果为导向的伦理观似乎证明了杜鲁门总统决策的正确性，但对无辜者权利的侵犯却让这一决策受到诟病。

哲学家们仍在各种伦理理论中埋首苦干。有些人修正了穆勒和康德的思想，创造出其理论的新阐释；有些人则为伦理决策提供了新原则。每个哲学学派都认为自己的论据能够驳倒对方，但没有哪个学派能够真正让其他学派彻底信服。这场辩论相当复杂，闪烁着绚丽斑斓的智慧火花，但对实际问题却关注甚少。⊖

⊖ 也许这些思想家真心想玩的是他们自创的一种迷人而复杂的游戏——不同于"大富翁"的简单，困难程度可以媲美高级国际象棋。实际上，哲学家经常把他们的论点称为"棋步"。此外，职业道德领域的诸多争论和驳斥几乎已经固定与程式化了，可能有人最终会用国际象棋那一套标记法将其汇编成典。例如，用国际象棋中的 P-K4 代表市场偏好具有很强的道德性，因为它们反映出市场参与者的喜恶；用 N-KB3 表示公民可以利用政治程序来监管市场和应对市场失灵，因此，受监管的市场有较大的道德影响力；用 N-QB3 说明一些市场参与者（如大型公司）对监管有不利影响，因此市场仍然不太正常。哲学家理查德·罗蒂对这些做法持负面态度。他谴责了"对确定性的神经质的追求"，因为在他看来，正是这种神经质的追求才导致了这么多哲学著作的出现。

例如，史蒂夫·刘易斯试图评估去不去圣路易斯所涉及的道德问题。每一种选择都会给他自己、他的客户、他的公司以及其他追随他的非裔美国人带来不同的后果。他明白这一点。面对公司及其客户的权利，他也必须仔细衡量自己作为一个人、一个少数族群成员以及一个员工的权利。刘易斯也明白这一点。而且，如果基本原则在解决刘易斯这样"简单"的对与对的冲突时没什么贡献，那么像爱德华·萨基兹这样陷入复杂困境的人更不应该指望它能提供多大帮助。

这些宏大原则在面临对与对的冲突时毫无用处，这会让睿智的管理者们感到震惊。他们知道，在某些情况下，基本价值观和责任会相互冲突。他们明白，给当地大学打电话聘请一名研究康德的哲学家作为顾问，问题就迎刃而解了，这是不可能的事。[14] 管理者非常正确地意识到，哲学家在理论上未能解决的问题，他们必须以某种方式在实践中解决。

伦理是带电的栅栏

也许追求实际的人应该完全将这些宏大原则抛诸脑后。

使命宣言就留给总部的工作人员吧，让他们有事可做。经济学家和律师们可以去争论信托责任，哲学家们可以去追求道德至上原则。与此同时，其他人可以干实事了。

但这一做法犯了非常严重的错误，因为宏大原则有着举足轻重的作用。首先，它们可以指明实际问题中的关键要素。使命宣言和信条可以提醒管理者自己的工作是为更远大的目标服务，他们很容易在日常生活的喧嚣中忘记这一点。此外，哪些利益相关者才是最重要的，这一问题的答案对许多管理决策起着至关重要的影响。

其次，宏大的哲学原则在区分对与错、善与恶方面不可或缺。事实上，它们就像一道带电的栅栏，将正确行为与错误行为隔开。哲学的基本原则以这种方式支撑着各种法律、规则和社会实践，使文明生活成为可能。这些宏大原则让史蒂夫·刘易斯能够理解自己的权利何时受到侵犯，并依此采取何种行动。如果没有宏大原则，如果没有将其转化为实践的制度，生活将退化为政治哲学家托马斯·霍布斯（Thomas Hobbes）所谓的"每个人对每个人的战争"。

然而，不幸的是，在宏大原则划定和捍卫的界限内，一种正确行动有时会与另一种正确行动互相冲突。此时宏大原则显得过于笼统，甚至相互矛盾。此外，管理者在做决策时须立足于具体的事情，而不能从理论领域出发自上而下地进行决策。因此，使命宣言、法律标准和普遍的道德原则往往会让那些必须在对与对的冲突中做出选择的人失望，而他们的选择不仅会影响他人的生活，也会影响自己的生活。

一位东方圣人和他的年轻弟子的故事也很能说明问题。年轻弟子问："智者啊，支撑着地球的是什么？"圣人回答说："孩子，支撑着地球的是一个非常坚强的人。"年轻人想了想接着问道："那又是什么支撑着这个坚强的人呢？"圣人回答："是一块大石头，孩子。"再次思考之后，年轻人又回来问圣人支撑着石头的是什么。圣人逐渐变得不耐烦了，说："是一只乌龟，孩子。"年轻人打破砂锅问到底："那什么支撑着乌龟呢？"智者厉色道："孩子，乌龟下面还是乌龟，一串儿都是乌龟！"

温暖而有人性的真理

宏大原则还有一个严重的缺点：过于冷漠，不近人情。

人们想寻求美国哲学家查尔斯·皮尔士（Charles Peirce）所说的"温暖而有人性的真理"，一种能激发和塑造生活的信念。因此自然而然会对这些精心设计但严肃抽象的概念感到失望。对与对的抉择往往是对现实生活的实际选择，而不是言之无物的技术分析。

　　试想自己处于这种情况：站在燃烧的大楼前，你知道自己可以跑到大楼里某个地方去救一个孩子，也可以跑到另一个地方去救三个孩子。无论去哪，你自己都没有任何风险，但你没有办法救所有人。你必须做出选择：是救三个孩子，还是救一个孩子。

　　此时，某些宏大原则的作用有限。如果你不想袖手旁观看着所有孩子死去，但又真的需要理由去行动，那么这些宏大原则肯定会给你很多理由。对多数人而言，最优解都是救三个孩子而不是一个孩子。所以什么是正确的事情不言而喻。于是你开始跑向那三个孩子。但再次瞥了一眼那个独自站着的孩子，你发现她竟是你的女儿。那么现在，你将如何选择？

　　宏大原则此时变得让人困惑。三条命的确比一条命更重要。与你的孩子一样，这三个孩子都有生命权，你有责任拯救他们。[⊖]但作为父母，你也有保护孩子免受危险的基本义务。除了令人困惑之外，还有一些更严峻的问题。这些宏大原则似乎要求你完全按照抽象分析行事，心怀大义；你似乎不得不罔顾父母对孩子的深情厚谊，但这种深情厚谊却正是生命的意义所在。[15]

　　鉴于宏大原则的这一重大缺陷，人们在其他地方寻求道德指导也就并不奇怪了。18 世纪的苏格兰哲学家大卫·休谟在一篇文章中指出，对于哲学困境，理智的行动是从里面爬出来，把自己清理干净，然后回家吃顿丰盛的晚餐，将哲学抛诸脑后。[16]当理性无休止地追着自己的尾巴绕圈子时，人们就知道，思考时过于坚持原则对自己并没有太大的帮助。

　　许多人认为自己已经找到了一种简单便利的方法，可以替代道德哲学、公司法与公司的使命宣言。他们发现，所有这些复杂问题的另一面都不是简单。因此，他们不依赖客观的外部原则，而是从自己的道德直觉和本能中寻找答案，并践行所谓的"睡眠检验伦理"。

　　⊖　这是对此种情况的哲学分析的一个高度简化的描述。事实上，人们对这类问题已经争论了好几个世纪，各伦理学派也以不同方式进行了各自的解读。

对于未经审视的生活不值得过的经典观点，睡眠检验伦理反驳说，过度审视的生活也不太好。自我表达、自发性、真实性和忠于自我，所有这些都让人们不由得选择用睡眠检验伦理来替代宏大原则，因为寻找正确的宏大原则的过程往往漫长、费神还一无所获。睡眠检验伦理的基本思想是，如果人们在做出艰难的伦理决策后还能睡得好，那就说明他们很可能做出了正确的选择。果真如此吗？

睡眠检验伦理

　　讨论道德问题时，人们经常提到"睡眠检验"和"让人警醒的事情"。它们在某种程度上已经成为思考棘手伦理问题的重要隐喻。例如，一名年轻女子在一家大型银行主管贷款，她的老板三番五次对她施压，要求她批准一笔有问题的贷款给他的朋友。对于自己的经历，她说道："它真正地唤醒了我。我想，天哪，这不是假想的理论，这才是实实在在的生活啊！"这种让人警醒的事情似乎可以让人们从沉睡中惊醒，也能让人们察觉到，某些原则性的东西似乎正摇摇欲坠。

睡眠检验伦理的工作原理与此迥异。它应该告诉人们是否做出了道德上正确的决定。从狭义上看，一个做出了正确伦理选择的人能睡得很安稳，而做出了错误选择的人则不能。例如，麦克白夫人在夜深人静的时候醒来，内心歉疚羞愧，因为自己与丈夫谋杀了几位政敌。莎士比亚说，他们也因此"谋杀了睡眠"。

从广义上看，睡眠检验伦理基于一个基本信念：面对棘手的伦理问题时，我们应该依赖的是自己的见解、感受和直觉。从广义上来说，睡眠检验伦理是关于直觉的伦理观，它建议我们遵从自己的内心，尤其当我们的思维非常混乱时更应如此。睡眠检验伦理相信，如果有什么东西一直侵蚀着我们，那可能是我们自己自作自受。100 多年前，美国作家、著名哲学家拉尔夫·沃尔多·爱默生（Ralph Waldo Emerson）写下了那篇著名的文章《自立》（*Self Reliance*）。他告诉读者："相信自己。每颗心灵都会随着那根丝弦颤动。"[1]

对许多人来说，"相信自己"是解决棘手伦理问题时一种令人信服的方式。他们坚信，应该遵循自己的道德本能。因为这些本能是由他们的家庭、宗教信仰或某些经历、关系和承诺所培养和塑造的，也是其生活的重要组成部分。因此我们必须问，睡眠检验伦理是否能够帮助那些必须解决对与对的冲突的管理者。

这个问题的答案很复杂也很重要，因为我们必须区分两种不同的睡眠检验伦理。一种能为找到实用有效的解决方法提供思路，另一种则是通往灾难之路（对于管理者而言尤其如此）。糟糕的是，两者看起来非常相似，都特别依赖本能，也都用身体上和情绪上的痛苦作为道德瑕疵的标示。它们似乎都在大喊："相信你自己。"那么，我们如何区分有效的睡眠检验伦理与它的假冒品呢？

自我主义

为了回答这些问题，我们将求助于希腊哲学家亚里士多德。他花了数年时间思考直觉、情感和个人判断在解决实际伦理问题中应该发挥的作用。我们假想一下，如果亚里士多德可以在美国待六个月，那他肯定会为了了解美国人的生活方式和他们对道德问题的看法而看电视、参观学校、去商场购物、参加各种宗教仪式等。之后他会得出什么样的结论呢？

对此我们只能加以揣测。毕竟，亚里士多德生活在很久以前，即公元前 384 年至公元前 322 年之间。人们对他的早年生活也知之甚少：有的文献提到他曾经历了一段"放纵的生活"，还有的则提到他年少时气质沉郁、善于思考。[2] 同时，亚里士多德熟悉的是希腊城邦雅典的古典文化，这与现代或后现代美国的文化大相径庭。但亚里士多德的许多思想和著作都经过时间的长河传承了下来。例如，他那部关于伦理的讲稿汇编——《尼各马可伦理学》（*The Nichomachean Ethics*）。此外，他的思想并非像博物馆里的古代展品一样简单地呈现，而是不断地激发着哲学家、心理学家、神学家以及其他人，他们认真思考并利用这些思想来解决当代伦理问题。

亚里士多德在柏拉图学园学习和生活了多年。在那里，他学习并教授柏拉图的哲学，然后对其进行了重大修改。柏拉图认为，真正的现实是由不变的、完美的实体组成的，比如完美的正义、完美的真理以及完美的美，他称之为"永恒的形式"。（寻找普遍的宏大原则就是一种柏拉图式的努力。）永恒的形式只有通过我们的智慧才能被发觉。然而在日常生活中，因为过度依赖粗糙的感官，我们只能混迹于永恒的、形式不完美的版本之中。

亚里士多德采用的是另一种方法，他不把我们的感觉视为现实的反映。他有一种科学家的本能，十分注重经验细节。他喜欢观察、审视、研究和分类。因此，能研究一个自己从未遇到过的民族，也就是当代美国人，肯定会让他兴奋不已。

我和一位同事最近邀请了一群睿智的人讲述自己将如何解决棘手的伦理困境。试想，如果亚里士多德在研究美国时也做了同样的事情，那会有什么样的结果呢？[3] 我和同事听到的许多方法都与睡眠检验伦理相关。典型回答记录如下：

> 就做正确的事。做你认为正确的事。
>
> 这听起来很可笑，但这是你的感受。如果有什么让你感觉不好，那就不行。
>
> 你应该根据自己的经验和价值观来做。要用这些作为指南。这些就是指路明灯。
>
> 我想的是，你的感觉是什么？如果你一直不舒服，你总会知道为什么。底线就是要做让自己舒服的事。

在这四条回答的背后，是加拿大作家道格拉斯·库普兰德（Douglas Coupland）在其小说《X 一代》（*Generation X*）

中称之为"自我主义"（me-ism）的世界观。这是一种"个人在缺乏传统宗教教义熏陶的情况下，对为个人量身定制的宗教的探寻"。[4] 值得注意的是，"自我主义"并非意味着自私，而是指一种量身定制的、综合而成的个人信仰。

自我主义似乎正在全球蔓延。例如，日本著名商业顾问、作家大前研一将当代日本青少年描述为"任天堂的一代"。他们接收到视频游戏在潜移默化中传达出的一条强有力的讯息："一个人可以主动控制自己的处境，改变自己的命运。没有人需要被动地服从权威。一切都可以探索、重组、改编。没有什么是一成不变的，没有什么是不可改变的。"[5]

亚里士多德可能会觉得这一切很棘手。四个人的评论和他们所代表的自我主义似乎使个人的直觉神圣化了。尽管亚里士多德认为直觉是伦理问题的宝贵指南，但他也相信无论多么清楚和真诚的道德直觉都不能表明其自身是公正可靠的。

每个人都认识几个虽然道德上有瑕疵但也能睡得很香的人。他们可能非常理性，善于否认，他们也可能是反社会分子，缺乏良知，但他们可以直视镜子中的自己，与自己做下的种种错事和平相处。纳粹大屠杀期间，许多医生在集中营里犯下暴行，但还能坐下来和家人一起平静地吃晚餐。

相比之下，负责任的人有时反倒会因为做了正确的事而晚上睡不着。他们明白，自己的决定会产生实际后果，既无法保证成功，又得自己为自己的决定负责。他们也清楚，在某些情况下，体面而高尚的行为反而会使一个人的职业生涯更加曲折甚至受到危害。简而言之，如果像希特勒这样的人有时能睡得很好，像特蕾莎修女这样的人有时却睡得很差，那我们就不能相信简单的睡眠检验伦理。

亚里士多德也会受到自我主义背后的个人主义（individualism）或者说超个人主义（hyperindividualism）的干扰。这反映出一种类似主张人人平等的世界观——"你有权持有你的观点，我也有权持有我的观点。"我的一个学生曾对他的妻子说："做你认为正确的事。你已经 25 岁了。你不必给任何人交代。"要是亚里士多德听了这种话，毫无疑问会大受震撼。

值得注意的是，四个代表性评论和自我主义并不包括对个人行为的社会和道德约束。亚里士多德认为，四大美德——勇气、公正、谨慎和节制——应该支配人类的行为。但这四大美德在这里却没有得到彰显，同时没有得到彰显的还有责任伦理或后果伦理、摩西十诫、黄金法则以及其他宗教组织的信条。[6]

困扰亚里士多德的还有塑造了自我主义的社会和文化。亚里士多德认为，只要人的道德品质健全，那他做出的个人判断就值得信赖。但亚里士多德同时也指出，只有尊重四大美德并依此指导后辈一言一行的群体才会培养出健全的道德品质。因此，在观察到电视在现代生活中的普遍作用后，亚里士多德可能不会对 25 岁的像史蒂夫·刘易斯一样的人或 35 岁的像彼得·阿达里奥一样的人做出的直觉判断抱有太大信心。举个例子，一个普通的美国孩子到 16 岁时在电视上看到的谋杀案高达 18 000 起，到 18 岁时看到的商业广告高达 350 000 条。[7] 在一个许多人背诵商业顺口溜比祷词和诗歌更多的社会里，亚里士多德可能不愿过于重视自发的道德情感。一位年轻人向我直述自己的担忧：他害怕自己在面对一个棘手问题并进行直入心灵的叩问时，却发现电视台在重播《吉利根岛》(*Gilligan's Island*) 和《脱线家族》(*The Brady Bunch*) 这样的家庭喜剧。

底线

假设当亚里士多德即将结束在美国的逗留时，一位经理询问他对我们所讨论的睡眠检验伦理的"底线"，那亚里士多德可能会做出三点回应。

首先，在对与对的冲突中，遵循自己的道德本能是没有任何意义的。对与对的冲突的一个基本特征就是，必须解决这些问题的企业管理者会被各自的道德本能拉向不同的方向。这是丽贝卡·德内、史蒂夫·刘易斯、彼得·阿达里奥和爱德华·萨基兹等人面临的问题。在此情形下，直觉不但没有指明答案，反而凸显了问题的棘手程度。

其次，即使直觉似乎对正确的事给出了有力、明确的指示，管理者也不应该立即采取行动。即使从内心深处传递出来了一些纯粹的道德信号，它也很容易被个人的欲望和需求、周遭的氛围以及组织的压力和要求所扭曲。一个深思熟虑的经理不能只简单地考虑道德直觉让自己如何处理眼前的问题，还应考虑其他方面——在复杂且不确定的情况下，如何才能真正地弄明白自己的道德直觉，如何知道自己没有把造成困境的重要因素合理化抑或视而不见，以及直觉会不会引导自己越过法律和基本道德原则所规定的界限。

最后，管理者和社会中手握权力的其他人一样，必须用别人能够理解的方式来解释和证明自己的决定。他们不是通过解读内脏就能占卜的大祭司。即使管理者对某个特定问题有坚定、明确、真实的道德直觉，那也不能简单地宣布："这就是我的决定。我的心告诉我这是正确的，我可以接受，所以就这样做。"如果他们希望其他人服从自己的决定，那他们的解释就必须令人心悦诚服。

简而言之，伪劣的睡眠检验伦理与欧内斯特·海明威的观点非常近似，他说："我只知道，让你之后感觉良好的就是道德的，让你之后感觉糟糕的就是不道德的。"[8]这种说法依赖于简单、快速、高度主观、强烈的个人主义，据称是自我验证的个人对伦理问题的反应。亚里士多德强烈反对这种处理伦理问题的方法。他会警告管理者和其他所有人，它是一个陷阱，是一种错觉。

利用必然因素

分析到现在，睡眠检验伦理似乎被淹没在雪崩般的强烈批评之下了。那为什么要费心去挖掘呢？这样做有两个原因。一个原因是我们必须对睡眠检验伦理持实事求是的态度，这也是本节讨论的主题。我们不能说它完全不行，因为人类在面临艰难的道德决策时，几乎不可避免地会依靠直觉。

我们必然会依靠直觉，因为我们是一群特殊的生物，有血有肉，有思想，有感情，我们不是计算机。正如古老的谚语所说："我们所看到的世界不是它本身的样子，而是它在我们心中的样子。"宏大原则试图从道德决策中挤出可能存在的情感、直觉和本能。但更好的做法是理解它们是不可避免的，并找到某种方法将其转化为我们的优势。亚里士多德和几乎所有宗教领袖一样，都明白这一点。

重新考虑睡眠检验伦理的另一个原因是，当管理者必须解决对与对的冲突时，直觉可以发挥重要作用。正如我们所看到的，这些问题较多涉及个人与情感。睡眠检验伦理注意到了严肃伦理问题的这些重要方面，并从中寻求指引和帮助。

关键问题不在于我们是否应该依赖道德直觉，而是如何理智且负责任地这样做。考虑到我们这种生物的独特性以及我们有时面临的问题，睡眠检验伦理显然不可避免，同时也具有潜在的价值。

是什么导致睡眠检验伦理具有几乎不可避免的特性呢？要回答这个问题，我们首先得看一个关于睡眠检验伦理和商业伦理的特别案例。那就是奥斯卡·辛德勒（Oskar Schindler）展现出来的英雄主义的案例。这位德国商人因史蒂文·斯皮尔伯格的电影《辛德勒的名单》而世界闻名。在纳粹占领波兰和捷克斯洛伐克[○]期间，辛德勒拥有并管理着两家工厂。他说服纳粹将其划定为劳改营，然后他把这里作为一千多名犹太人的避难所。辛德勒将自己的生命置于险境，却让避难所里的犹太人获得了生的希望。要知道，在奥斯威辛集中营或另一个集中营中的犹太人几乎人人难逃一死。

辛德勒本是一个堕落的天主教徒，爱好吃喝玩乐，长期与人通奸，发战争财，他的道德水平究竟是如何上升到后来的高度的？是什么导致他冒着生命危险做出了如此英勇的行为，不是一次，而是日复一日，年复一年，持续了三年多？答案似乎很简单，辛德勒知道怎么做才是对的，他直接、迅速、本能地就这样去做了。这一结论是排除其他答案后的唯一结果。辛德勒的一生中没有任何事情预示着他会有如此英勇的行为。斯皮尔伯格的电影改编自托马斯·肯尼利（Thomas Keneally）创作的小说。肯尼利曾采访过许多辛德勒救出的人，他们都不曾听闻辛德勒解释自己的行为。[9]

史蒂文·斯皮尔伯格对辛德勒的动机也感到十分困惑，

○　1993 年，捷克斯洛伐克分裂为两个独立国家捷克和斯洛伐克。

于是他在电影中虚构了一个决定性的场面：奥斯卡·辛德勒站在一个山顶上，看着纳粹士兵在克拉科夫（Cracow）犹太人区的残酷行径。他的视线追随着那个独自在混乱和暴行中徘徊的小女孩。斯皮尔伯格暗示，类似这样的事件给奥斯卡·辛德勒敲响了警钟，促使他停止剥削在自己工厂工作的犹太人，转而开始营救他们。

该事件说明了为什么睡眠检验伦理是解决棘手伦理问题的一种令人信服的方式。睡眠检验伦理是非常个人化的。它依赖于"温暖而有人性的真理"，而不是抽象、无形的原则。它依赖于经过认可的事实和承诺，这种认可不是通过书本上的原则来验证而获得的，而是源于它能否与一个人的所有自我产生共鸣。这种方法与尼采的观点一致，他说："哦，我的朋友们，你们的自我应该体现在你们的行为中，就像母亲的面容会在孩子身上显现一样——就让这成为你们对德行的看法吧。"[10] 这也似乎恰如其分地描述了辛德勒的行为，他真的为自己的选择做好了准备，生死与共。

睡眠检验伦理似乎承认，艰难的伦理选择往往是重要的人生选择。它鼓励人们在做决定时依据自己的直觉、感情和承诺，而不是依据原则和盘算。一位母亲得知自己的孩子与其他三个孩子都在着火的大楼里，如果她的心告诉她必须冲进去救自己的孩子，而不是其他三个孩子，那她的行为完全正当合理。

睡眠检验伦理的另一个吸引人的地方是它的积极乐观。它有助于人们更好地了解自己和人性，因为它认为高尚的行为是自然而然且令人感觉良好的，我们可以相信自己的本能，我们会以某种方式知道或感觉到何为对错。

直觉伦理如此令人信服也可能因为它是与生俱来的，也就是说，作为睡眠检验伦理基础的对人性的信心很可能有生物学方面的原因。人类与黑猩猩、鼹鼠、蜜蜂、白蚁、海绵、黏菌和无数其他生物的共同点是，它们都创造了复杂的社会，这也就意味着会有某种类似道德本能的东西存在。[11]

事实上，科学家可能很快就能精确定位人类大脑中道德本能的位置。1848 年，一位名叫菲尼亚斯·盖奇（Phineas Gage）的铁路工人遭遇了一场严重事故。这场事故让人们意外发现了道德本能的大概位置。一根铁棍在爆炸中从盖奇的左颧骨穿进去，穿透了头骨，最终从他的头顶伸出。神奇的是，盖奇活了下来。他的心智和技能并未受损，但不幸的是，他的性情大变。在事故发生之前，他受人爱戴、努力工作、热爱家庭；后来，他却成了一个疏懒散漫、满嘴脏话的流浪汉。显然，那根铁棍破坏了盖奇大脑中管理道德的某个部位。[12]

关于道德本能的科学理论还有待进一步的研究。但在那之前，过去的经验仍会继续支持睡眠检验伦理。换句话说，睡眠检验伦理让人坚信不疑的另一个原因是文化。我们知道，亚里士多德是睡眠检验伦理或者说是真实有效的睡眠检验伦理的知识先驱。这对西方传统文化而言意义重大。此外，这种道德观似乎特别吸引美国人。社会学家罗伯特·贝拉（Robert Bellah）在其广受赞誉的著作《心灵的习性》（*Habits of the Heart*）中提出，几十年来，美国一直在逐步发展一种可称为"表达型个人主义"的世界观。这种世界观认为"每个人都有独特的感觉和直觉内核，要想显示个性，这些内核就应该得到展现或表达"。[13]

这种思维方式并非美国独有。它起源于 18 世纪欧洲浪漫主义运动，然后传入美国。每一代美国人都重新发掘出这些想法并加以改造。19 世纪中叶，爱默生说过："相信你自己。"20 世纪中叶后，人们"放任一切""只做自己的事"。到了现在，在 20 世纪末，耐克的广告告诫人们："放手去做。"就像这句广告语一样，在美国流行文化不屈不挠力量的推动下，表达型个人主义正在全球蔓延开来。

睡眠检验伦理最后一个吸引人的地方是它看起来特别实用。奥斯卡·辛德勒没有卷入关于宏大原则的论争。他的道德本能似乎提供了一条简单、方便、易行的捷径。简而言之，深思熟虑的人不会随随便便就采用睡眠检验伦理。他们面对的是一些影响力巨大且根深蒂固的力量，这些力量包括文化的、心理的、情感的、实践的力量，甚至是生物性的力量。每一种力量都十分强大，且互相强化。

因此，期望人们，尤其是当他们面临艰难痛苦的决定时，能够超越他们的文化、历史、宗教信仰，能够摒弃自己的希望、恐惧、个人承诺以及对实际援助的迫切需求，甚至能够同与生俱来的倾向性抗衡（换言之，能够超越人性），然后进入一个抽象的、冷静的、柏拉图式的道德分析境界，这完全是不现实的。

我们总是倾向于通过个人感受、关注、经验和本能的棱镜来折射伦理问题，亚里士多德也理解这一点。他的道德哲学不是为那些看起来像人类但实际上是计算机的科幻生物机器人而写的。他深入研究了道德品质的发展，提炼出了包含道德思考的直觉方法。[14] 从本质上来看，这是一种利用必然因素的策略。

亚里士多德的睡眠检验

直觉伦理具有不可避免或者说几乎不可避免的特性。除此之外，它也是处理对与对的冲突的正确方法。因为睡眠检验伦理是关乎诚信的考验。要理解这一点，我们必须探讨一下对与对的冲突的一个基本特征。

让我们来回想一下史蒂夫·刘易斯的问题，要注意，这是他个人的问题，而不是其他人的问题。同事们仅仅因为他是非裔美国人，就让他去圣路易斯，而且并不认为自己的做法有什么不妥。韦伯斯特意识到刘易斯可能觉得不妥，但他自己毫不犹豫地提出要替刘易斯去圣路易斯。（如果像这样的情况曾经也让韦伯斯特觉得不舒服，那么现在的他显然已经坦然接受了。）那么为什么刘易斯会觉得不妥呢？毕竟，参与这件事的每个人都面临同样的局面。为什么只有刘易斯觉得有问题呢？

他觉得有问题，是因为他的身份，是因为他的价值观、承诺、经历、希望和恐惧。他罗列的利弊清楚地表明了这一点。大多数白人投资银行家不会在"不利因素"那一列里写上"马尔科姆"。有些人甚至可能不知道刘易斯指的是马尔科姆·X。没有人会明白刘易斯是在特指家奴和田奴之间的区别，或者是指从朋友口中听到的那条关于自己决定成为一名投资银行家的严厉批评；也没有人清楚地知道当刘易斯写"马尔科姆"时，他害怕自己屈服，或者更准确地说，害怕自己背弃所信仰的一切。

如果刘易斯完成了利弊列表，那他下一步将为每个因素分配权重。这也是个人问题。刘易斯公司的每个成员也因为自己的身份而都有不同的优先事项。没有一个单一、客观的道德衡量标准表可供每个人使用。对与对困境的核心在于个人价值观、选择、承诺和风险。"我们所看到的世界不是它本身的样子，而是它在我们心中的样子。"这句谚语用在这里仍十分合适。

亚里士多德的伦理学方法为直觉、感觉和其他个人因素留下了充足的空间。宏大原则告诉人们要"了解规则"，但亚里士多德却转而遵循了一条古老的建议，即要"了解你自己"。亚里士多德不只是接受或承认直觉在伦理决策中的作用，他也不是简单地利用它们的必然性。相反，他极其珍视它们，因为他相信它们能够深入问题的本质。

玛莎·努斯鲍姆是当代解读亚里士多德哲学最杰出的代表之一。她写道，对亚里士多德而言，情绪是我们直觉的一个重要组成部分，它"在共同审议时往往比独立的理智判断更为可靠"。[15]另一位研究亚里士多德的著名学者斯图亚特·汉普夏指出,在亚里士多德看来,伦理行为"不应该是仔细而费力的计算和思考的结果,而应该是直接的、自发的、受直觉支配的"。[16]

　　简而言之,亚里士多德认可的是符合其标准的某种睡眠检验伦理。那么这些标准是什么?这些标准正是导致他谴责自我主义的原因。性格的发展至关重要,拥有健全的道德本能是成为一个思维缜密、思想成熟的人的先决条件。道德本能是一种难以抗拒的冲动,不能代替常识、逻辑或基本伦理原则。认真考量相关事实后才会产生直觉,绝不能用直觉代替思考。直觉不会指引人们越过宏大原则规定的是非界限。最后,通过借鉴世界上重要的社会和伦理实践,可以向他人明确表达与清楚阐释什么是健全的道德直觉。

　　对那些想要得到精确指导的人来说,亚里士多德的标准模糊得令人沮丧。什么是"思想成熟"的人?什么是"重要的社会实践"?对事实的关注程度要达到什么样才算"认真"?这些问题亚里士多德都没有回答。他认为,对于这样的问题不可能精确和具体地回答,大多还是取决于当时的情况和做决定的那个人。

这些宽泛的标准让一些人感到失望，但也让一些人感到解脱。[17] 让他们能自由思考自己是谁和希望成为什么样的人，让他们能自由感受自己最关心的事情并依此行动，让他们能自由做出承诺并努力遵守。当然，这种自由不是解决对与对的冲突的总体框架，而是朝着解决之道迈出的关键的第一步。

思考的总体框架

本书后续章节中提出的各种说法和问题的总体框架有助于进一步解决对与对的冲突。它们可以让人避免掉进草草了事的陷阱，不以牺牲睡眠检验伦理的参与性、丰富性和力量为代价。睡眠检验伦理能够帮助人们面对生活中的重要抉择，历史悠久，传承至今。这里所说的总体框架不会为伦理难题提供终极、通用的分析工具，也并非道德机器的更新。相反，它通过那些立足现实、有实践意识的伦理学家的重要话语和篇章，阐明了对与对的冲突的关键层面。这些伦理学家中有我们的老朋友亚里士多德、文艺复兴时期的政治哲学家尼科洛·马基雅维利、尼采以及威廉·詹姆斯。

这种方法的基础不是柏拉图的抽象理论，而是亚里士多德的经验主义，它旨在解决艰难的伦理决策。它将伦理思考的焦点从抽象原则转向个人性格，从逻辑转向心理，从普遍转向个人，从智力转向情感，从客观真理转向个人选择和承诺，从山岗上的大理石神庙转向日常生活中的喧嚣。在所有这些方面，这个总体框架更接近文学，而非宏大原则。[18]

某些说法不能代替宏大原则，但它们的重要性不言而喻，因为它们规定了是非界限。但是，当冲突发生在是非界限之内时，管理者就需要寻求某种思想，来帮助自己以能够接受的方式解决这些问题。

我们现在就在寻找对这些问题的实际指导。我们正秉承着威廉·詹姆斯在其著作《实用主义》（*Pragmatism*）中所赞同的精神前行。他在书中写道："我们大多数人都渴望两方面都好的东西。事实当然是好的——那给我们很多事实吧。原则是好的——那给我们很多原则吧。"[19]

第五章

DEFINING MOMENTS

直面决定性时刻

当代小说《长日留痕》讲述了一位英国男管家史蒂文斯的思考。小说中，他正在英国乡村旅行，回顾自己的职业生涯，想方设法让生活回归平静。[1]奇怪的是，一位60岁管家的生活似乎既能展现当代生活的现状，也能反映管理者有时必须做出的艰难决定。但作者石黑一雄对此却不以为然，他在解释为什么要选择一位男性主人公时曾简单地说道："我们每个人都是管家。"[2]

旅行期间，史蒂文斯大部分时间都在思考曾面对的抉择。25年前做出的某些决定不可逆转地影响了他的生活和职业生涯。回想这些决定时，史蒂文斯有时会感到骄傲，更多的时候却满怀悲伤。也许最痛苦的是，他意识到自己在做人生选择时，并没有理解其中蕴藏的艰险。直到现在回首往事，他才明白，在几个关键时刻，他是如何将自己的生命握在手中并不可逆转地画下了自己的人生轨迹。

史蒂文斯做选择的那些时刻就是决定性时刻。管理者必须在对与对之间进行选择的时刻亦是如此。丽贝卡·德内、史蒂夫·刘易斯、彼得·阿达里奥和爱德华·萨基兹，他们都站在十字路口。重要的个人和职业价值观均指向不同的方向。无论是宏大原则还是道德直觉都无法给他们正确的答案。压力很大，一切都是不确定的。像史蒂文斯一样，他们很容易误判自己和他人面临的真正危险，并做出自己可能会一直后悔的选择。对管理者（即那些对他人生命负有重大责任的人）来说，这些风险无法避免。

然而幸运的是，有很多方法可以让管理者做出切实可行、负责任的决策，并且在以后回顾这些决策时能满怀成就感、自豪感和荣誉感。朝着这个方向迈出的第一步是理解为什么在对与对之间进行选择的时刻是管理者生活和职业生涯中的决定性时刻。

事业的巅峰

美国哲学家、教育家约翰·杜威（John Dewey）为我们提供了一个有力而深刻的出发点。在 1908 年出版的《伦理学》（*Ethics*）一书中杜威写道，重要的伦理决策有两个关键方面。公开方面是其他人可以观察到的，例如一个人的行为及其后果。相比之下，私人方面更加微妙。用杜威的话来说，它涉及伦理决策"形成、揭示与检验自我"的方式。[3] 杜威的话很精练，只有短短的几个词，但是有力地阐明了管理者在做出对与对的抉择时所面临的风险，反映了这些时刻之所以成为决定性时刻的基本方式。接下来我们将会讨论，为什么说**揭示、检验和塑造是决定性时刻的关键要素**。

尽管《长日留痕》的背景设定在史蒂文斯即将退休的 1956 年，但它的关键事件发生在两次世界大战之间的几年里，当时史蒂文斯还是英国贵族达林顿的管家。史蒂文斯职业生涯中的决定性时刻出现在达林顿府举行的一场重要国际会议的最后一晚。当时，达林顿勋爵一行人正在策划一系列极其微妙的谈判，旨在说服法国政府减轻在第一次世界大战后对德国的制裁。

史蒂文斯将这次会议视为自己职业生涯的巅峰。他花了数年时间努力成为一名优秀的管家，这是他用明确的道德术语定义过的理想。在他心目中，一名优秀的管家体现了高贵的品质，而高贵则代表着自我牺牲与行为高尚。一名优秀的管家会充分发挥自己的职业作用，将毕生精力投入到履行自己的职责上。管家会这样做是因为他的主人也道德高尚，而史蒂文斯相信达林顿就是这样的人。而主人，则必将致力于更伟大的事业。在本次会议中这种更伟大的事业就是要以人道的方式对待战败和贫困的德国人。史蒂文斯曾说："在我尽我所能帮助勋爵完成他为自己设定的伟大任务之后，我的职业生涯才算圆满。"

到会议的最后一晚，谈判已经取得了一些进展。法国代表对正在讨论的提案持开放态度。史蒂文斯察觉到了这一点，为自己对这些进展有所贡献深感自豪。多年来，他一直在为这样的活动努力培训在达林顿府工作的所有工作人员。在会议召开前的几周里，他一直不停地工作，就像一名"将军为战斗做准备"那样。他告诉工作人员，"在这个屋檐下可能会创造历史"。在会议期间，史蒂文斯甚至抽出时间为那位脚部严重起泡的法国代表提供医疗护理并温言安慰。总而言之，无论从职业来看还是从个人生活来看，他都站在了辉煌成就的门口前。

　　但也在达林顿府工作的史蒂文斯的父亲，正躺在楼上的一个房间里奄奄一息。当天早些时候，他突然中风，情况危急。因此，史蒂文斯不得不做出抉择：是守候在父亲的病床前，还是保障会议关键的最后几小时。史蒂文斯快速探望了一下父亲，然后就回到了自己的岗位上。

　　晚饭后，史蒂文斯为客人端饮料时，达林顿府的女管家肯顿小姐将他拉到一边告诉他，他的父亲刚刚去世了。肯顿小姐问史蒂文斯要不要立刻上楼看看。他回答说过几分钟后再去，然后补充道："是这样的，我坚信我父亲肯定会希望我继续把工作做完。"在小说后半部分，史蒂文斯告诉我们，"那天晚上尽管发生了令人悲痛的事情，但时至今日，每次我回想那天晚上时都带着一股巨大的成就感"。他相信自己终于达到了自己设定的严格服务的标准。现在，他觉得自己可以比肩同时代的任何一位优秀管家，包括他自己的父亲。

　　故事还未结束，我们稍后再讲。但此时最重要的是要审视史蒂文斯的选择告诉我们的关于决定性时刻的核心要素，也就是揭示、检验和塑造。事实上，单个的选择或行动（比如史蒂文斯的选择）往往会将这三个要素融合在一起。它们不会依次展开，呈现出有序、独立的状态或是不相关联的选择。然而，我们很有必要一一审视决定性时刻的每一个核心要素。

揭示

一些影响深远的决定性时刻通过不同的方法展示出来。它们可以让潜藏的东西浮上水面，让未成形的东西具象化，让曾经晦涩难懂的事情变得清晰鲜明。然而无论在何种情况下，一个决定性时刻都会揭示一个人的基本价值观及其在生活中一贯的承诺。

切斯特·巴纳德就持有这种观点。多年在商海中沉浮让他明白，典型管理者的道德准则"之所以根植于心，往往是因为那些他要么已经忘记要么基本上从未意识到的某些目标、理想或经历。实际上，他的那些道德准则只能从他的行为（特别是在压力下的行为）中大致推断出来"。[4] 决定性时刻不仅让人们将自己的价值观一一列出，也揭示了其优先级。

史蒂文斯选择留在会议现场，而不是守在父亲的病床边。这说明他最为关心的是自己的职业理想。当他选择在晚饭后继续履行职责，而不是上楼去见父亲最后一面时，他告诉肯顿小姐，他的父亲肯定希望自己这么做。这个说法揭示了更深层的东西，即他的价值观的基础。对于他父亲与其他优秀管家的生活，史蒂文斯有着独特而尽心的理解，他一直在努力工作，向他们看齐。

并非所有的决定性时刻都与史蒂文斯的完全相同。有的时候，某个选择对他人来说可能微不足道，但对做出选择的人来说却是举足轻重。这些清晰的时刻既私密，也无关他人。有的时候，比起做选择的人，某个选择却向那些深思熟虑、善于观察的人揭示出更多信息。还有的时候，某个选择，就比如史蒂文斯的选择，则向他人揭示出了很多深层的东西。史蒂文斯的决定和他余生要走的人生道路一样，都是经过深思熟虑的，他也向肯顿小姐解释了自己这么决定的理由。而且很有可能，达林顿府的工作人员很快就会发现史蒂文斯的所作所为。他的价值观就明明白白地摆在那里，供世人审视。

并非在一个瞬间或人生的一段短暂经历中才能发现决定性时刻。当然，史蒂文斯得知父亲去世后，他的确必须立即做出反应。而年轻的投资银行家史蒂夫·刘易斯也只有短短的一小时左右的时间来决定如何处理圣路易斯之行。然而，彼得·阿达里奥却有几天的时间来决定如何解决凯瑟琳·麦克尼尔和丽莎·沃尔特斯的冲突，而爱德华·萨基兹则有更长的时间决定如何处理 RU 486。

尽管史蒂文斯的抉择并不是所有决定性时刻的模板，但它的确强调了这些抉择的几个重要方面及其所揭示的内容。例如，无法保证某个决定性时刻会揭示出某种道德上令人鼓舞振奋的价值观或承诺。毫无疑问，希特勒有决定性时刻，天天作恶行骗的人同样也有。对于史蒂文斯的决定性时刻，多数人的反应都是难过地摇头。

此外，一个决定性时刻所揭示的，几乎不会是一个人个性中令人吃惊且不为人知的一方面。早在会议最后一晚做出选择之前，史蒂文斯在管理方面一直都是谨慎谦逊、注重细节，这也揭示了他一贯的价值观和承诺。这些短暂的自我表露证实了16世纪伟大的法国散文家米歇尔·德·蒙田的观点，即如果观察得足够细致，哪怕一个手势，也能揭示一个人的总体性格。决定性时刻通过具体行为揭示意义。它们更清晰、更生动、更强烈地反映了一个人几乎每天都在透露的微小信息。

决定性时刻的另一个基本特征是，它揭示了一个人的过去，也揭示了当下的选择。人们只有在成为某种人后，才能透露自己是谁，自己关心的是什么。在决定性时刻到来时，史蒂文斯并非像一位哲学家所说的拥有"无拘束的自我"。[5] 他不是一张白纸，可以在上面任意画出自己喜欢的自画像。我们每个人都像史蒂文斯一样，在很大程度上都是一直以来的老样子。从这点来看，乘客侧后视镜上的警告（"镜子中的物体实际上比它们看起来更近"）可以看作对生命及其决定性时刻的总结。

最后，史蒂文斯的决定也可以提醒人们，决定性时刻，虽然很个人化，但也具有社会性。它们不仅打开了个人生活和经历的窗口，也揭示了人们生活于其中的群体的价值观。亚里士多德曾对人下了一个著名的定义。在《政治学》中，他写道："人本质上是一种政治动物。"也就是说人是城邦或周围社会的产物。后来在该书里，亚里士多德再次强调了这一点，他写道："无法在社会中生活的人，或因自我满足而一无所需的人，要么是野兽，要么是上帝。"[6]

无论从现实方面还是从比喻意义方面来看，史蒂文斯的生活都局限在达林顿府里，而达林顿府也是两次世界大战之间英国社会的政治、礼仪和社会关系的缩影。因此，史蒂文斯的选择不仅揭示了他的性格，也揭示了其周围社会的特点。决定性时刻既揭示了政治关系，也展现了个人生活。

检验

在父亲去世当晚的决定也是对史蒂文斯本人价值观的检验。这是决定性时刻的第二个关键方面，也是最为人熟知的一个方面。所有的道德选择，哪怕在是非对错一目了然的案例里，都能反映出一个人的价值观，能反映出一个人是否真正致力于践行某种特定的价值观，抑或只是口头上说说而已。

然而，对与对的抉择却让人面临更大的考验，因为人们必须在两种或多种自己践行的价值观之间做出选择。换句话说，忠于某些价值观和承诺的代价就是牺牲他人。例如，史蒂文斯觉得自己正面临的对与对的抉择，对他来说，最基本的问题是，在深深敬重的父亲刚刚去世的那一刻，他能否重拾力量为主人及其致力的伟大事业服务。尽管史蒂文斯善于克制自己的情绪，但在得知父亲去世后他回到吸烟室时，泪水仍不由自主地顺着脸颊流下。为追求职业服务的崇高理想他付出了高昂的代价。

　　史蒂文斯面临许多管理者都熟知的职业和个人挑战。（这可能是石黑一雄认为"我们每个人都是管家"的一个原因。）压力源源不断。他肩负着重要的职业责任。他的目标非常明确，他在用严格的标准来衡量自己。他没有那么多时间把一切捋顺。最重要的是，史蒂文斯的个人和家庭责任与自己的职业抱负以及他坚信自己应履行的职业义务发生了冲突，这令他十分痛苦。

　　我们讨论过的所有管理者都面临决定性的考验。例如，彼得·阿达里奥认为，他有义务帮助凯瑟琳·麦克尼尔，让她既能保住工作又能照顾孩子。然而，随着事态的发展，他将了解到，他必须冒着严重的职业风险才能将那值得称赞的目标变为现实。这也会让他的价值观和承诺受到严峻的考验。

塑造

　　对史蒂文斯来说，会议的最后一晚不仅仅是一场考验。对他来说最重要的是，他已经成为（或者说他热切希望自己成为）一种特殊的人。自己的行为，更重要的是自己的品行，是否真正体现了自我牺牲和专业服务的最高理想，他对此非常在意。[⊖]几十年后，回忆起那次会议，他深感自豪，因为他相信正是在那一刻，他成了一名优秀的管家。

决定性时刻的第三个关键方面是它可以塑造一个人。其中一些塑造的方式只是一些无伤大雅的决定或微不足道的行动。这些决定或行动单看起来平平无奇。然而经年累月，它们就塑造了人的品性，就像水滴最终重塑了岩石一样。在有线电视深夜的商业广告里人会快速地完成自我转变，但在真实生活中通常不会。亚里士多德的话让人不由得信服。他写道："品性的形成来自类似活动的重复。"⁷

史蒂文斯没有守在父亲的床前，而是留在了会议现场，没有人感到惊讶。他的选择并没有使他成为一个全新的人，但确实塑造了他，因为他重申并进一步巩固了自己的一些基本特质。他的决定帮他变得"更加自我"。在这方面，他的选择，就像人们所做的每一个选择一样，以某种特定方式塑造了他的品性。

⊖ 史蒂文斯性格的另一个重要方面即道德盲目性与他崇高的服务理想相悖。例如，有一次，达林顿勋爵让他解雇两名犹太女佣，因为有时会去达林顿府的德国政府高级官员看见她们会感到不便。史蒂文斯毫不犹豫地这样做了，因为他相信自己有责任实现主人的愿望。有迹象表明，他的主人已经不知不觉地成为德国外交政策的棋子，但他的忠诚蒙蔽了他的双眼。

有的选择更具戏剧性，在塑造品性上也更有力。史蒂文斯的选择为自己塑造了一种引人注目的形象，这成为他诠释自己生活的媒介。史蒂文斯相信，通过他的选择，他已经成为一个伟大或近乎伟大的管家。年少时他默默无闻，然后兢兢业业工作了很多年，现在他终于出人头地了。从此以后，自己与世人眼中的他绝不再只是一介仆从，而是一个有尊严、有地位的人。他对自己的这种印象一直持续了 20 年。好几次严重受挫之后，他才重新思考自己的身份。他把自己看作一个伟大的管家后，这种印象对他生活的影响才逐渐减弱。

决定性时刻塑造一个人的生活还有第三种方式。这可能是一个转折点，一条岔路。例如，杜威举的"选择生活中的职业或伴侣"的例子。[8] 类似决定都是一种生活方式的选择。为了崇高使命而服务的史蒂文斯选择了一个忠诚的管家的生活，而不是娶妻生子的生活。大多数人在做出决定时都明白这些决定的重要性。在某些情况下，例如在婚姻中，社会强调了通过正式仪式和承诺做出决定的重要性。

但是，还有其他具有同样重要后果的决定性时刻，只是这些时刻在出现时看起来似乎微不足道。大多数人都能回忆起这样的选择。他们打开了某扇门，关闭了另一扇门，有时人生就天差地别了。这些决定性时刻通过改变一个人的生活和经历来塑造一个人。

史蒂文斯的一次严重受挫开始于一个似乎很小的决定。在国际会议之后的几年里，他和首席女管家肯顿小姐密切合作。她对他产生了强烈的感情，但他只是隐隐约约感受到了。史蒂文斯当时认为自己是一个优秀的管家，而优秀管家不能沉湎于儿女情长，况且他一直忙于为努力修复英德关系的达林顿勋爵服务。

一天，史蒂文斯在肯顿小姐的房间外听到她在哭泣。她刚刚得知姑妈去世了。他本可以敲门进去给她一些安慰，但他转身离开了，因为正如他所说，他不愿意"打扰她的悲伤"。很快，他就忘记了这件事。

但后来，这个看似无关紧要的决定开始困扰着他。此事后不久，肯顿小姐离开了达林顿府，嫁给了一个她不爱的男人。下面一段话是20年后史蒂文斯对这些事情的痛苦反思：

> 但是，如果这样和那样的时刻会最终导致人
> 生变得不同，那么永远猜测可能会发生什么又有

什么意义呢？只会让自己分心。尽管谈论"转折点"是很好的，但无论如何人们肯定只能在回首往事时才能意识到这样的时刻。我们现在回顾那些事情时，它们确实是一个人生命中至关重要、异常珍贵的时刻，但在当时，谁能发觉呢？……当时肯定没有任何迹象表明，这么小的事情会让梦想永远无法实现。[9]

史蒂文斯无法实现的梦想是他与肯顿小姐的幸福生活。小说的结尾写道，他短暂地拜访了她，希望她能回到达林顿府。但她选择回到关系疏远的丈夫身边，于是史蒂文斯只能独自一人思考着自己的余生。

决定性时刻、管理者与企业

"决定性时刻"和"揭示、检验和塑造"这两个说法既简短又看似简单。但它们却是深思个人决策的宝贵指南。特别是当人们必须在对与对之间做出选择时，它们有助于人们理解关键之处。这些选择会揭示人们的一些基本价值观，检验个人对自己所信奉的价值观的践行程度，同时也对未来施加影响，进而塑造一个人未来的人生轨迹。

但管理者不能纯粹从个人角度思考他们面临的道德困境。在大多数情况下，这样做都既幼稚任性又鲁莽轻率。对管理者来说，决定性时刻既与社会相关，也与个人相关。幸好"决定性时刻"和"揭示、检验和塑造"可谓是得力工具，有助于企业和必须在对与对的冲突中做出决策的管理者都能理解这些决策对各自的意义。

更重要的是，这些话语提醒人们注意商业领袖的工作中最具挑战性和创造性的要素之一，即以指导和塑造公司的方式，调整、阐释和定制基本的价值观。这种对生活方式的塑造或创造，并非为了某一个人，而是为了整个企业。

企业的决定性时刻，与个人的决定性时刻一样，也可能不易觉察、悄然无声且不连贯。然而，无论管理者是否有意，他们的决定和行动都会持续向企业展现事情运作的方式以及取得的进展。克里姆林宫学，指的是对苏联政府所有事件（无论多么微小的事件）的深入解读。如今冷战结束了，美国国务院里的克里姆林宫学可能正在消退，但类似的深入解读在大多数公司中却依然存在。一位管理者告诉我："很多高管都忽略了老板和下属之间存在的那种亲密无间却又默默观察对方的关系，因为下属想要升职，想要获得更高的薪水和地位。"

当管理者面临对与对的冲突时，类似的深入解读就会被强化。不同于关于工作分配或预算的决策，每个人都试图解读关于对与对的冲突的决策，想要了解游戏规则，想要知道输家与赢家。对与对的冲突的一个重要特征是它们让每个人都能窥见经营公司的人在道德上最看重什么，都能清楚地了解他们到底是什么样的人。

这些观察并非只为了窥探，它们会影响人们对老板的信任程度。自己是在为真正关心别人的人工作，还是在为假装关心别人的人工作？当老板支持我们的项目，称赞我们的工作，或者告诉我们裁员终于结束了的时候，我们能相信他们吗？

在企业层面，决定性时刻迫使管理者揭示、检验和选择其企业的道德规范。决定性时刻塑造了一个企业，因为它们穿透所有精心设计的发展宣言，揭示出了企业实际上做的事情。这些事情作为先例，让人对企业有所期望，而这些期望也会影响企业数年甚至更长时间。这些事情明确了企业的目标及实现目标的方式。决定性时刻对企业的成长与对管理者的生活和职业生涯一样重要。

决定性时刻也会给员工和其他人对企业及其领导者的印象添上浓墨重彩的一笔。显而易见，决定性时刻是高风险时刻。风险不仅在于管理者的个人承诺和价值观，还在于企业的特色和士气。例如，作为达林顿府管家的史蒂文斯，他在大会最后一晚艰难抉择的故事毫无疑问口口相传了多年。一些工作人员，可能是很多工作人员，都对史蒂文斯的所作所为感到失望或反感。尽管如此，他的献身精神与价值观几乎成了一种标准，后来在达林顿府工作的人往往都以此严格要求自己。

管理者是其企业的伦理教师。无论他们自己是圣人还是罪人，无论他们自己是否有意教授伦理。只要在管理者的位置上，就会自动教授伦理。行动会释放某种信号，疏忽也会释放某种信号——几乎所有事情都会释放出某种信号。因此，负责任的管理者会考虑自己在企业的决定性时刻所扮演的角色。也就是说，他们关心自己的决定和行动如何揭示、检验和塑造公司的特色。

这就是为什么对与对冲突的时刻是决定性时刻。在这些时刻，人们既明确了哪些道德价值观具有最高优先级，也明确了这些道德价值观在特定情况下对自己的意义，如果他们是管理者，则还包括对其企业的意义。决定性时刻往往不会提前打招呼就直接出现在管理者面前，这也是管理者面临的基本挑战。

让－保罗·萨特、切斯特·巴纳德、亚里士多德和约翰·杜威帮助我们理解了这些问题的本质。我们现在将求助于其他三位哲学家：尼采、威廉·詹姆斯和马基雅维利，向他们寻求解决这些问题的指导。他们有一些重要方法，有助于人们在决定性时刻出现时能既深思熟虑又负责任地应对。

还有一种选择，就是像史蒂文斯那样带着无奈和悲伤回顾曾经的决定。他的故事想起来令人不安。史蒂文斯当时能做得更好吗？站在肯顿小姐门外时，他有没有办法真正理解最重要的是什么？我们是否像他一样注定要沉湎于回忆，注定只能在事情无法改变之后才能理解决定性时刻？史蒂文斯还是明白了道德选择的重要性，那可能是一个人生的转折点。但他明白得太晚了。本书后续的讨论基于两种不同的假设，一种是深思熟虑的人们可以在决定性时刻到来的时候就认识到它们是决定性时刻，另一种是关注和思考对于应对这些决定性时刻尤为重要。

成为你自己

本章主要讨论对个人的揭示、检验和塑造，求证哪些考虑因素最重要，哪些指导最行之有效。

这个过程并不简单。最佳起始点是一个相对简单的对与对的冲突问题，也就是类似于新手投资银行家史蒂夫·刘易斯面对的问题。让我们先来回想一下他的困境。他临时接到通知说有一个给客户做演示的重要活动，他也必须参加。尽管答应出席会对他的公司和自己的职业生涯有所裨益，但刘易斯还是不愿意去。这样安排纯粹是给别人看的，他就像房间里的盆栽植物一样：让他出席只是因为团队里需要一个非裔美国人。

刘易斯面临一个决定性时刻。无论他做什么决定，都会揭示出他个人性格、价值观和基本承诺的一些重要方面。这个决定性时刻也将检验他过去信奉的所有价值观，他会认识到，那些价值观究竟是自己努力践行的，抑或仅仅是说说而已。最后，他的决定和行动也许会极大地改变他的性格以及他对自己和世界的看法。从根本上讲，他的选择将在他的伦理道德传记中写下浓墨重彩的一笔。

阿达里奥和萨基兹面临类似的个人挑战。然而在他们的案例中，他们的决定性时刻的个人因素与重要的决策管理交织在一起。阿达里奥关于凯瑟琳·麦克尼尔的决定将揭示、检验和塑造其部门的价值观和规范，而萨基兹在 RU 486 上的抉择将迫使他在国际媒体的监督下，明确其公司在社会中的角色及其与主要利益相关者的关系。然而，两人的选择无疑也都会透露他们心中最重要的价值观和承诺。

本章将探讨在这种情况下实用主义道德家为管理者提供的建议与忠告。这些建议与忠告是以四个开放式问题的形式出现的，每一个问题都包含一个有争议的说法或是一段发人深省的文字，但它们并不能给出确切原则、明确答案或是行动清单。

尼采

解读对与对的冲突的个人方面可从弗里德里希·尼采的思想入手，这虽看似不太可能但的确行之有效。尼采终生担任古典文学的教授，他怎么会在现实问题上给出合理建议呢？况且他还是纳粹主义及其恐怖行径的著名先驱，那么他如何能提供伦理上的指导？显然，在探讨尼采的思想之前，我们必须先审视一下他的人生。

1844年，尼采出生于普鲁士的一个官宦人家。他喜爱读书，生性敏感，在26岁时开始了学术生涯，成了瑞士巴塞尔大学的一名教授。在接下来的20年里，尼采进行了大量的写作，撰写书、诗歌、日记和短文。他还写了无数的警句，也就是可以有多种解释的、带有暗示性或挑衅性的短句。1889年，尼采精神失常，他的职业生涯就此结束，一年后尼采病逝。

尼采的名声（不管是好名声还是坏名声）最大的来源是他那几句宣告上帝已死的警句。但他在哲学上的威望则来自一系列关于道德、个人与群体心理、权力以及人类生活其他基本方面的令人震惊的原创思想。评论家和崇拜者都认为尼采是现代最令人崇敬的思想家之一。事实上，当代最杰出的亚里士多德研究者之一阿拉斯代尔·麦金太尔就曾写道："尼采是当代的哲学家。"[1]尼采的文学技巧也出类拔萃。他善于使用精准的词句，这使得他的思想的力量在从德语到英语的翻译中幸存下来。

尼采是纳粹分子吗？答案是否定的。他的坏名声是受到了妹妹伊丽莎白和妹夫伯纳德的牵连，因为伯纳德一直鼓吹反犹太主义，臭名昭著。尼采去世后，他俩伙同几名纳粹"知识分子"，仔细查看了尼采的出版物和私人笔记，断章取义地提取了一些简短陈述，并将其与其他人的著作拼凑在一起，成了第三帝国纳粹德国伪智识的理论基础。

但实际上，尼采对他妹夫的行为十分反感。在一封信中，他警告妹妹不要把他与她丈夫的作品联系起来："我绝对与反犹太主义无关，也就是说我持反对意见，我的著作也绝不涉及反犹太主义。这事关我的荣誉。"[2]但尼采在死后再也无法为自己辩护，需要当代学者努力重振他的声誉。学者们已经证明，尼采强烈反对纳粹意识形态的基本组成部分，即种族主义、反犹太主义和德国民族主义。[3]

尼采仍然是一位富有争议的思想家，但少数纳粹伪哲学家对其作品的恶意拼接掩盖不了他在西方思想发展中的作用，也掩盖不了他的思想对我们解决对与对的冲突的帮助。[4]

尼采与亚里士多德

尼采生活的时代比亚里士多德晚了两千多年。两人在许多问题上都持有不同意见，但至少在一个重要话题上他们的想法一致。两人都认为关键的个人决策（如在决定性时刻的决策）并非单独事件，而是一个人过去的决策、行动和经历长链的"最新一环"。尼采对重要决策的另一方面特别感兴趣，它们也可被视为机遇，为链接未来打造出"第一环"。

尼采的建议"成为你自己"切中了问题的要害。[5]初看起来这一建议似乎过于显而易见。当然，我们不需要努力成为自己，因为我们就是我们自己。但尼采却有明确的所指。他希望读者跳出自己熟悉的思维方式，不要简化复杂的问题，向亚里士多德承认自己就是现在的样子，但不要忘记拓展和完善自己的个性与性格。

尼采将人视为潜在的艺术家。他们创造的是他们的生活与自己。过去是他们创造时所用的原材料。这一切听起来都很浪漫，换句话说就是不切实际，与商业管理者的日常生活相去甚远。但尼采对于人们塑造或组建生活并不盲目乐观，特别是考虑到人们必须与之合作的原材料（即过去）。

尼采在《快乐的科学》(*The Gay Science*) 中写道：

> 为自己的性格"赋予风格"，这是一种伟大且罕见的艺术！实践这种艺术的那些人审视自己天性中的所有优缺点，然后将其纳入艺术计划，直到一切都显得艺术和理性，甚至弱点都让人赏心悦目。这里添加了大量的后天习性，那里通过长期实践和日常工作移除了一些先天本性。这里将无法消除的丑陋掩盖起来，那里它经重新诠释后又变得崇高。[6]

尼采将一个人的过去描述为一种特殊的原材料。雕塑家从一堆能塑造成各种雕像的软黏土着手。一个人能使用的大部分原材料都已经成形并固定了。有些是由其他人（比如父母）塑造的。有些雏形令人欣慰，有些让人难以下手，还有些甚至丑陋万分。因此，人们需要具备纪律、细心、大胆、坚韧、专一、勇气和想象力，才能真正有机会塑造自己的性格，成为真正的自己。

　　这项任务非常重要，尤其是在或多或少塑造自己的那些决定性时刻。尼采认为，忽视这一任务的人最终会过上由他人设计的生活，或是书架上任何一本关于大众文化的书中描述的普通生活。为了详细阐明这个观点，他把这些人称为"羊群"。他振聋发聩地问道：为什么要成为商品？为什么不创造并过上自己的生活？

　　回想一下管家史蒂文斯的遗憾（他本可以与肯顿小姐一起幸福地生活），或者回想一下刘易斯、阿达里奥和萨基兹承受的巨大压力。有时，许多管理者觉得自己的亲朋好友成了现代经济平稳运转的障碍。在这样的背景下，古希腊关于认识自己的告诫以及尼采的现代阐释"成为你自己"似乎特别让人望而生畏。

　　但尼采的建议如何才能转化为实践呢？在一个决定性时刻，在从相互冲突的责任中艰难抉择时，"成为你自己"究竟意味着什么？下文的四个问题给出了具体的建议。

心灵原因

　　第一个问题是：对我来说，我的感觉和直觉如何界定对与对的冲突？回答这个问题是践行"成为你自己"这个建议的第一步。这一步是要问问题是什么，不是客观而笼统地问，而是针对某个特定的人的希望、恐惧、价值观和经验发问。简而言之，第一个问题不只是询问你的感受，也让你思考这些感受告诉你什么。

上文讲过，史蒂夫·刘易斯对圣路易斯之行感到不安和焦虑。但他的直觉不仅仅是敲响了警钟，还初步明确了危机所在。总的来说，刘易斯认为圣路易斯之行将自尊与忠诚对立了起来。尽管他能想到许多反驳的理由与看待这个情况的其他方式，但他的直觉就是这么告诉他的。

刘易斯后来回忆说："我遇到的几乎每一个种族困境都与因为种族而被公然拒绝无关，却与对成就的认可有关。"他对这些情况的应对是基于一种个人哲学，他总结为"行动胜于言语"。他一直利用提供给他的机会，而不是纠结于为什么会给他机会。他知道自己的表现完全值得，但他没有试图向别人解释这一点，而是用行动向他们证明，自己应该得到这些机会，并且也会充分利用这些机会。

在过去，刘易斯知道自己达到了要求，有资格迎接给予他的机会与挑战。现在情况似乎并非如此。圣路易斯的"机会"是最后一刻才摆在他面前的，他并没有参与该项目，自己唯一需要做的就是露个面。"行动胜于言语"似乎无法证明参加演示活动的合理性。但同时，他又想成为团队的一员，不想让既是导师又是朋友的上司失望。刘易斯在高中和大学时期都是活跃的运动员。虽然并不出名，但他还是为自己具备团队精神感到自豪。

请注意刘易斯是如何利用自己的不适和焦虑情绪的。他没有判断哪种感觉最强烈，然后做一些能让自己感觉好一点的事情。相反，他利用这些感觉得到了一种最初的直觉，即至少对他来说冲突的核心是自尊与忠诚。

实际上，刘易斯遵循了 17 世纪法国数学家和哲学家布莱兹·帕斯卡提出的方法。帕斯卡在《思想录》一书中为基督教进行了详尽的辩护，并发表了一个著名的评论。他写道："心灵有它的原因，理性并不明白。"

请注意，与亚里士多德一样，帕斯卡也相信，心灵给予的不仅仅是感觉或原始冲动。情绪不仅仅是简单而生动地表明某件事感觉好坏。一个人的感受实际上可以帮助人理解问题、处理问题，可以帮助人明确真正的利害关系。换句话说，心灵有它的原因。

但这些原因的运作不像我们思维运作那样正式、明确、富有逻辑。辨别一个人的本能如何界定某种情况与阐释相关。这是一种阐释的、具有难度的艺术。专业翻译人员有时会引用"译者类似于叛徒"这一劝诫性的说法。同样，并不是所有在感觉或直觉中被压缩或表达的东西都能被转换成准确、客观的术语，而且存在难以转换的风险。事实上，帕斯卡的名言可以理解为理性根本无法理解所有的心灵原因。

尽管如此，像史蒂夫·刘易斯那样，尽可能清楚地表达出自己对危机的感觉，可能是应用"成为你自己"这一建议的宝贵的第一步。

责任根源

作为初步指南，本能已经为刘易斯做决定贡献了自己的一份力。他清楚地意识到自己的价值观、承诺和责任中的什么方面发生了冲突。现在他需要进一步的指导。

遵循"成为你自己"的建议，需要知道你曾经是谁。这也就引出了第二个基本问题：造成对与对的冲突的价值观的道德根源有多深？追溯一个人价值观的"根源"也就是理解它的起源、演变和它在一个人生活中的重要性。人们需要知道，自己到目前为止的道德身份是由何种价值观和承诺界定的。

　　索福克勒斯的优秀戏剧《安提戈涅》写于亚里士多德出生前不久，它向世人展现了追寻道德责任的个人和社会根源意味着什么。在剧中，安提戈涅必须做出一个悲痛的选择。一场血腥的内战刚刚结束，她的一个兄弟被视为叛徒，国王下令任何人不得将其安葬，援引剧作者的话就是让尸体"被野狗和秃鹫吃掉，这让所有人都不寒而栗"。[7]安提戈涅必须决定是服从国王的命令，还是冒着被石头砸死的风险安葬她的兄弟。

　　安提戈涅选择了安葬自己的兄弟，并付出了生命的代价。这部戏剧向世人展示了促使安提戈涅做出此种选择的强烈的情感，而且她表达了对妹妹的仇恨，因为妹妹选择遵守国王的命令。但是，对安提戈涅来说，直觉并不是一种轰轰烈烈、无法解释的情感。在整部戏剧中，她一直努力向妹妹、国王甚至自己解释自己的决定。她的选择的深层根源也逐渐清晰起来。它们存在于她对"最神圣的天神法则"的理解之中，存在于她血脉中流淌的"高贵的血液"之中，存在于她的荣誉感之中，存在于她对家庭的忠诚之中，存在于她相信自己背负着家族"无尽的负担"和正在为父亲俄狄浦斯的可怕行为赎罪的信念之中。

安提戈涅坚信自己必须安葬兄弟，这让人肃然起敬。她的做法反映了她及她的家庭对生活和经历的持久承诺。很少有人会像安提戈涅一样面临如此艰难的道德困境，但这些困境的确是人们更加深入了解自己的机会。将手头的问题放在一生中的决定性时刻的背景之下时，用马塞尔·普鲁斯特（Marcel Proust）的话说，**人们面临的挑战就是如何"阅读自己"。**

通过回顾这一系列决定性事件，人们会逐渐认识到自己独特的道德承诺和解释模式。威廉·詹姆斯十分看重这些过去的事件，称之为"存在的车间"。在《实用主义》的最后一章中，他写道："我们的行为、我们的转折点，还有那些我们自认为造就自己、让自己成长的事情，都是我们最密不可分的世界的一部分，也是我们了解得最详尽、最完整的一部分。"[8]

史蒂夫·刘易斯面临的挑战是要搞清楚困境的哪一面有着最深层的根源。尽管思考的时间有限，但他很快就发现自己在回想自己在早年生活中因为种族原因才被选中的时刻。这些当然都是他个人早期生活中的决定性时刻，而他通过个人信条"行动胜于言语"来诠释这些时刻。

尽管所有这些时刻都是他个人的，但它们也反映出了他家人的经历。其中有一件事特别明显。20 世纪 60 年代初，他的父母在一家据说不为非裔美国人服务的餐厅预订了座位。两人到达时，老板娘说底下人不小心弄错了，没有给他们预留座位。但当时餐厅明明还有一半的空位。刘易斯的父母当即转身离开了。回到家后，他母亲用娘家姓重新预订了座位，这家餐厅一点儿都没起疑。一小时后他们回到那里，老板娘虽然不太高兴，但还是为他们安排了座位。

像这样的事件对不同的人来说有不同的含义，但对刘易斯来说，重要的是在几分钟内做出决定对他意味着什么。史蒂夫·刘易斯一想到父母所做的事就激动不已。即使是现在，事发多年后，他仍然感到愤怒、羞辱，也感到骄傲。尽管他没时间列举完所有的利弊，但他似乎感觉到了什么才是正确的做法。他会把这种情况与他父母面临的困境做对比。他也会认清自己的身份，不仅仅是一位年轻的投资银行家，更是非裔美国人。不能因为需要一个非裔美国人，他就以非裔美国人的身份去参加会议，那完全抹杀了他父母的努力。他已经弄明白了，那是他道德身份的重要组成部分。与他最近担任的职业角色相比，非裔美国人的身份与他过去的生活有着更深层、更复杂的联系。

刘易斯弄清楚了他的道德起点。哲学家阿拉斯代尔·麦金太尔是这样描述的：

> 我是别人的儿子或女儿、堂亲或表亲，我是某个城市的公民、某个协会或组织的成员，我属于某个社区、族群或国家。我从家庭、城市、族群、国家的过去中继承了大量的恩惠、遗产、合法的期望和义务。它们构成了我的生命，筑就了我的道德起点。这在一定程度上也赋予了我的生活本身的道德特殊性。[9]

刘易斯已经取得了一些进展。他根据个人价值观和责任界定了基本冲突是什么。他相信自己明白其中哪些与他过去的生活有着最密切的联系。但这些是自己想要的、塑造未来的价值观吗？这个问题仍没有答案。同样没有答案的还有他究竟该怎么做。刘易斯还是没有任何行动计划。

这是我的路，你的路在哪里

安提戈涅的故事令人深受启发。她以生命为代价，坚守着赋予了她道德身份的承诺和价值观。但由于其恐怖的结局，她的故事也同样令人深感不安。安提戈涅违背了国王克瑞翁的命令，但克瑞翁也只是做了自己的分内之事。作为一个新的统治者，克瑞翁看着在内战中分崩离析的国家，他的首要目标就是恢复秩序，重新将岌岌可危的权威树立起来。和安提戈涅一样，克瑞翁也不会屈服。他下令处死安提戈涅后，他的儿子（也就是安提戈涅的未婚夫）自杀了，而听闻噩耗的克瑞翁的妻子后来也自杀了。

安提戈涅是她的价值观的殉道者，还是受害者？她践行了自己守护家人的承诺，她对她的家人及她的过去依然忠诚，但她的忠诚注定了她要重新经历他们可怕的命运。这说明，在某些情况下，让过去的承诺和标准（无论其道德根源多么深刻和复杂）成为未来的序曲和先导，是不负责任的。成为真正的自己，还需要决定哪些自己一贯坚持的本能和承诺是应该放弃的，哪些是应该努力重塑的。

1990 年，美国作家卡尔文·特里林（Calvin Trillin）写了一篇关于他的大学朋友——人称丹尼的罗杰·汉森的生活的简短报道。丹尼 1957 年毕业于耶鲁大学，在同学中可谓出类拔萃。他头脑聪明，笑容灿烂，前程似锦。特里林说，他的人生"完美得令人咋舌"。事实上丹尼的大学朋友偶尔会玩一个游戏，猜测自己能在他任总统的内阁中担任什么职位。

遗憾的是，这个游戏没有丝毫指向性。丹尼从未参加过任何竞选。特里林写道，丹尼在晚年"看起来似乎从来没有笑过"。55 岁时，丹尼把自己锁在熟人的车库里，然后启动了汽车引擎，让一氧化碳夺走了自己的生命。

特里林的书《纪念丹尼》(*Remembering Denny*)，想要解释那个人称丹尼的拥有辉煌前程的青年如何一步步转变为那个被熟人称为罗杰的疾病缠身、孤形吊影、意志消沉的人。一位认识罗杰的女士这样解释他的死亡："我对承诺的看法是，你有一个背包，在你成长的过程中，人们一直不停地往你的背包里塞承诺。"她接着说道："而很快背包就会重得背不起来了。你必须把它丢掉。"[10]

当然，事情并不是那么简单。正如亚里士多德和尼采所强调的，人们不能像隐喻所暗示的那样轻松地背起背包或者丢掉背包。尽管极力想要了解自己，但我们经常否认或压抑我们背负的东西。

然而，如果丹尼看一眼自己的背包，他就会发现很多明确的期望，能帮助他以正确的且在道德上有效的方式来过上自己想要的生活。特里林写道："角色设定好了，且永不更改。"这些期望中有些是丹尼自己的，有些来自高中和大学时吹捧他的朋友，有些则是 20 世纪 50 年代的时代观念，让他知道像自己这样的人应该过何种体面、负责任的生活。他应该在牛津大学拿到罗德奖学金，从一流的法学院毕业，然后在某个时候结婚，接着开始进入政坛。

这些期望最终压垮了丹尼，因为对他来说，正确的生活与之截然不同。他想成为一名学者、一名教师，最终他也做到了。他想要的朋友必须接受他本来的样子，而不是必须成为什么样。这一点，也许他从来没有做到。最重要的是，他想要的生活中的伴侣必须是一个男性伴侣。虽然周围的人似乎都认为丹尼是异性恋，但丹尼明白自己就是同性恋。

丹尼在成年后的大部分时间里都在努力回答尼采在《查拉图斯特拉如是说》（*Thus Spake Zarathustra*）中提出的一个问题。这也是用来厘清对与对决策个人含义的第三个基本问题。有一次，查拉图斯特拉说："有人问我'那条路'，我就会说'这是我的路，你的路在哪里？'。因为'那条路'并不存在。"[11] 虽然安提戈涅献出了自己的生命，但她很可能就是选择了自己的"那条路"，欣然接受了自己的命运，虽然戏剧并未直白地表现出这一点。但罗杰·汉森大半辈子都挣扎于如何选择自己的人生道路。

对像史蒂夫·刘易斯这样面临道德认同难题的人来说，尼采的道德观意味着什么？尼采的基本问题（你的路在哪里？）促使人们不仅将关键抉择视为过去人生的巅峰，更是将其视为塑造未来自我的第一步。重点是要沿着人生道路往前看，而不仅仅是通过后视镜回望过去。

尼采尤其强调这一点。他想帮助人们逃离"那些老套安逸的角落，偏爱与偏见、青春、出身、偶然遇到的人或读到的书，甚至旅行后的疲劳，无一不将我们禁锢其中"。[12]尼采强烈反对用一个人不接受的价值观来看待问题。有时人们可能不需要忠诚于自己，尤其是在他们的自己包含过多的他人的价值观时。

史蒂夫·刘易斯认为，在成为华尔街投资银行家的路上，他追求的是践行自己的价值观。那是他想要的生活，他知道自己会喜欢自己的工作。另外，那是他永恒的梦想，不是过眼云烟般的幻想。从大学二年级开始，刘易斯就一心想在华尔街工作，他一直勤恳努力，想让梦想成为现实。

接受目前的工作时，刘易斯终于踏上了梦想已久的道路。许多分析师第一年的时候避免不了漫长的工作时间和繁重的工作任务，这些也都没让他怀疑过自己的选择。他喜欢自己已经踏足的这个竞争激烈、节奏快的世界。刘易斯的父母有点担心他的职业选择，但他自己毫不质疑。他们觉得华尔街不太欢迎年轻的非裔美国人，但这更激起了刘易斯的斗志。此外，尽管他知道这种强烈的动机只是他自己的，但他也明白他的成功会帮助其他人打开一扇大门。

对于"你的路在哪里？"这个问题，刘易斯十分坚信自己的答案。毫无疑问，他想成为一家大型投资银行的合伙人。这个目标加剧了刘易斯的困境，也反映了他面临的风险有多大。他会遵循父母的榜样，也会信奉自己对榜样的解读，"行动胜于言语"。这些在很大程度上定义了他如今的样子。同时，他也不愿做任何危及他工作的事情，因为这份工作、这个职业在很大程度上决定了他希望成为的样子。

看清世界的本来面目

到目前为止我们还没有讨论另一位重要的道德哲学家尼科洛·马基雅维利，但这毫不奇怪。因为无论是道德认同的演变，还是道德责任的根源，抑或志气抱负的道德性，都不是他最关心的问题。

马基雅维利应该想对史蒂夫·刘易斯说很多话。然而，就像对是否要听从尼采的意见应该存疑一样，刘易斯对是否应该听从马基雅维利的意见也应该存疑。毕竟，人们认为马基雅维利无法无天、自私自利、表里不一，看似风光实则麻烦不断。但如果马基雅维利只是第一个提出"卑劣的人有时也会出人头地"的人，他会至今仍为人所知吗？如果他只是将狡诈作为一种政治策略，那么还会有人写那么多书和文章去探究他的想法吗？古希腊人、以色列人、罗马人以及三岁孩子都明白，欺骗只是偶尔有效。显然，马基雅维利肯定对领导力、权力和现实决策伦理有着一些复杂而重要的见解。

对他来说，伦理和政治是从实践经验中获得的实用知识与智慧。1469～1527年马基雅维利居住在佛罗伦萨，当时佛罗伦萨充满了文艺复兴时期的艺术繁荣、思想动荡和政治骚乱。马基雅维利密切地关注着政治，他既有作为佛罗伦萨政府最高级别官员这种局内人的身份，也有被美第奇派流放的局外人的身份，同时也是酷爱政治史的学者。

马基雅维利认为，成功的领导者最重要的是必须看清世界的真实面目。他的杰作《君主论》（*The Prince*）接连不断地将他的分析与成功领导者实际行为的例子结合起来。书中满是"抛开想象中的东西""我们的经历"以及"可以举出当今无数的例子"等说法。

如果马基雅维利要给史蒂夫·刘易斯一个建议，他很可能会告诫说，尽管刘易斯的思考和愿望都是发自内心的，但那些只是年轻人理想主义的幻影。他会提醒刘易斯注意其身处的严峻现实，尤其注意其中的权力和私利。刘易斯充其量只有一个小小的筹码，他可以拒绝去圣路易斯参加演示。但这样会造成一种暂时的尴尬局面，实质上也就是会带来麻烦。

这样做存在风险。坊间都知道，他的公司一直以来都有着良好的声誉。各种传闻让公司知道谁能做账，谁有团队精神，谁能平步青云。刘易斯已经从一位入职两年的分析师那里听说了这位分析师未能"遵守计划"所导致的结果。老板"开始更偏爱其他人。他不再站在我这边，但我又需要他站在我这边。他不再是我的朋友了。我很难再获得成为一名优秀员工所需的支持和帮助"。

马基雅维利会很快意识到公司及其客户正以一种适宜的原则行事。刘易斯的职位适宜，时间合适，肤色符合。如果客户是一名爱打高尔夫球、从耶鲁大学毕业的白人，那么公司就会派一名同样从耶鲁大学毕业、爱打高尔夫球的人去对接。但目前的形势有点棘手，甚至有点危险，马基雅维利肯定希望刘易斯计算好可能的风险和回报。

参加演示可以让刘易斯在飞机上和会议前后能有一些宝贵的与老板们"面对面相处的时间"。他也可以通过观看演示来提高自己的专业技能。而且如果公司中标了，那他还可以沐浴在成功的光辉中，甚至还能参与后续工作。

但如果刘易斯在演示过程中遭遇尴尬情况呢？他对该项目一无所知，因为它涉及高度专业化的市政财政领域。如果在演示过程中有人问他负责项目的哪一部分，或者问他一个有关交易的技术问题，他该怎么办？他要胡编乱造吗？如果他应付不了，影响了交易怎么办？还有一个风险就是可能会遭到分析师和其他同事的怨恨，尽管他们对市政财政了解更多，但是没有受到足够的重视。公司本来就竞争激烈，他们以后会不会给他使绊子？简而言之，刘易斯拥有的那一点权力起不了什么作用。

在《君主论》中，马基雅维利向领导者提出了认清现实处境以及获取、保持和使用权力的方法。他的大部分指导意见都基于下述观点：

一个人实际上怎样生活与他应该怎样生活之间存在极大的差异，如果一个人为了应该做的事情而忽略了一般人实际所做的事情，那么他就不是在保全自己，而是在快速地毁灭自己。因为一个希望完全按照自己的品德行事的人，很快就会遇到摧毁自己的各种邪恶之事。

简而言之，如果伦理不实用，那么它只不过是贺卡上的心灵鸡汤，而且很可能对人有害。刘易斯和其他有类似处境的人不应偏离马基雅维利提出的根本问题：在这个世界上起作用的是什么？

但这个问题很容易被人误解。马基雅维利坚持两个限定条件。第一，他不支持或赞扬狡猾、卑鄙或不道德的行为。他承认这些行为是错误和危险的。（事实上，《君主论》的大部分内容在讲如何避免此种行为。）我们要意识到，诡计和花招最重要的并不在于它们是第一选择还是最后选择，相反，在某些情况下，它们只是我们存在的这个世界的必要选择。

马基雅维利的观点与一位管理者曾向我描述的个人"生存原则"互相呼应："做必要的事情来保护自己，即使这涉及一些道德方面的妥协；要想成功，就要看清事情的本来面目；节制情感并保持客观；谨慎选择战场。"与马基雅维利一样，这位管理者并不是为了不道德而做不道德的事。她只是明白，在一个竞争激烈甚至无法无天的世界里，必须做的事情是什么。

第二，马基雅维利不支持或赞扬胆怯、短视、照常行事或省事的做法。他钦佩有胆魄的人，但须辅以精明。他相信，要求得财富须历经风雨。因此，如果马基雅维利给史蒂夫·刘易斯建议，那他会问一个基本问题：以何种权宜之计再佐以精明、想象力和胆魄，才会让你更接近自己的目标？

回旋余地

亚里士多德、尼采和马基雅维利的思想让史蒂夫·刘易斯获得了什么？他肯定没有得到关于怎么抉择的公式或者宏大原则，但是可能对这个抉择的个人利害关系有了更清晰的认识：这个抉择将揭示、检验和塑造自己的价值观和品性。他可能还意识到了以下四个问题的重要性：我的感觉和直觉如何看待困境？冲突中的哪些责任和价值观深深根植于我的生活和我所关心的事情中？展望未来，我的路在何方？权宜和精明，再加上想象力和胆魄，如何使我朝着我最关心的目标前进呢？

这些问题也可以作为制订行动计划的现实标准。我们必须注意到这些问题如何相互制衡，同时也要留心规避单独考虑某个问题时可能出现的风险。例如，马基雅维利的问题可能会让像刘易斯这样的人过于关注眼前之利，但亚里士多德强调一个人在生活和族群中的责任根源，尼采的"你的路在哪里？"这一问题则激发对未来的思索，从而使此种倾向被制衡。

刘易斯的困境是深思熟虑的人经常面临的，即追求道德上为人称道的"回旋余地"。他需要找到一个行动计划，既不损害他所信奉的价值观，又不会让他成为一个高尚年轻却又默默无闻的殉道者。刘易斯决定加入演示团队，但他也冒了风险，希望能以自己认可的方式完成演示。他告诉同事，能被邀请他感到十分荣幸，但又补充说自己想在演示中出一份力，他愿意在接下来的 30 小时里争分夺秒好好准备。有人问他为什么要这么做时，刘易斯没有谈及自己被选中的原因，他不愿意被当作非裔美国人的代表，他也没有提到自己信奉的"行动胜于言语"，他只说自己想在团队中赢得一席之地。

刘易斯的同事勉强同意了。后来演示中有一个不太重要的地方，正好需要应用刘易斯曾经使用过的一些基本分析技术。刘易斯被安排做 12 分钟的演示。他在站起来做演示时，头疼得厉害，恨不得自己早就干脆地拒绝加入演示。为这个项目自己临时抱了一天的佛脚，而同事们却兢兢业业干了好几周。尽管记忆有点模糊，但他的演示显然做得很好。没有人再问他问题时，他终于不再那么紧张了。

在回程的航班上，同事对刘易斯临时接受邀请并提供帮助表示感谢。他们从来没有说起刘易斯被选中的原因，在接下来的几周里，也没有人对他所做的事发表更多的评论。后来刘易斯还被邀请参加为公司中标举行的小型庆祝会。

总的来说，刘易斯对自己所做的一切感到高兴和欣慰。至少从他的经历和价值观来看，他相信自己已经很好地应对了这种困境。总而言之，他参加了演示，完成了公司派遣的任务，在不违背父母和自己的价值观的情况下解决了这个难题。同时也让自己的职业前景更加广阔。他觉得自己已经通过了公司的一项小测试，也展现出了自己愿意尽一切努力完成工作的态度。被忽略的白人分析师和其他同事可能会有些抱怨，但刘易斯知道，如果他们身处自己的处境，他们也会像他一样行事。

也许刘易斯的手有点脏了。他的确没有告诉同事自己真正的想法，他也确实在装模作样，明明自己在团队中没那么重要，却让客户相信自己的地位举足轻重。而且，从亚里士多德的思想来看，他可能已经为了爬上那根油腻的杆而开始妥协，而这种习惯可能有一天会导致他完全背离自己的价值观。有时，刘易斯希望自己能为自己的信仰辩护或者挺身而出，他希望自己在站稳脚跟后能这样做。但为了站稳，他觉得他必须去战斗。正如马基雅维利所言："狗甚至都不会对着一个没有地位的人叫。"

对于尼采的"成为你自己"的劝告，刘易斯希望自己朝着成为一个"道德敏感的务实主义者"迈出了一小步。"道德敏感的务实主义者"，这是他的一位大学老师说的。刘易斯肯定是务实的，他和父母一直都这样，但与此同时他还希望自己没有违背那些塑造了自己人生的价值观。

只有时间才能揭示史蒂夫·刘易斯早年职业生涯中这一决定性时刻的重要性。如果他的事业蒸蒸日上，这一时刻只会在他的道德记录上成为一段小插曲，而不是一个大篇章，因为身处更高的职位时他会面临更多更艰难的抉择。如果刘易斯最终肩负起真正的管理责任，那么他的决定将影响成百上千的人。虽然他的这一段小插曲在经历时看似异常艰难，但彼得·阿达里奥和爱德华·萨基兹的决定性时刻事实上则更具挑战性。

| 第七章 |

DEFINING MOMENTS

真理是一种过程

　　本章探讨组织的决定性时刻，旨在为那些希望切实负责地应对这些时刻的管理者提供行动指南。然而在参阅本指南之前，我们还得了解一下彼得·阿达里奥在面临凯瑟琳·麦克尼尔的问题时的具体情况。

　　前文说过，阿达里奥认为这是一个道德问题，是对与对的冲突。身为管理者的他左右为难。某些责任和价值观让他觉得解雇麦克尼尔是错误的，但另一些又让他觉得必须解雇，因为她老是拖延工作进度。阿达里奥必须马上做出决定，因为丽莎·沃尔特斯向他施压，要求解雇麦克尼尔。同时这个决定还颇需创造性，因为公司既没有多余的资金来为麦克尼尔再聘请一名助理，也没有办法给她重新分配工作岗位。

阿达里奥接了一大杯咖啡，然后关上门，想在干其他事之前做出决定。他很快回想起自己在 12 年前读 MBA 的时候研究过的一个案例。那是关于强生公司董事长詹姆斯·伯克（James Burke）在 1982 年做出的一个决策的案例。得知芝加哥地区有六人因服用泰诺（Tylenol）胶囊而中毒死亡后，伯克立即决定将零售价值 1 亿美元的所有泰诺胶囊从全国货架上撤下。伯克的决定，对强生公司来说，就是一个在决定性时刻做出的决定。它揭示、检验并重申了公司对伦理价值和自身信条的承诺。

阿达里奥很欣赏伯克的决定，也想效仿他的做法。具体来说，他希望利用麦克尼尔的事情传达两条明确的信息。首先，他想让他手下的经理们看看，虽然塞耶麦克沃德公司盛行不讲情面那一套，但善于思考、体察他人也能很好地解决难题。其次，他还想把公司的氛围转换成家庭友好型氛围，而自己的决定可以算作朝这个目标迈出的切实的一步。

阿达里奥喝完咖啡时，心里已经有了打算。他计划在接下来的一两天内与沃尔特斯和麦克尼尔面谈，并告诉她们面谈时双方必须就如何解决问题达成一致。如果两人商谈失败，那阿达里奥就会提出自己的建议。麦克尼尔的工作必须按期完成，IBM 这个客户太重要了。她可以在家办公或远程办公，也可以隔一周的周六整日办公。他希望，真正的问题只是两位女士之间有一些误解，而公司的高压氛围加剧了这些误解。也许她们真正需要的只是一个发泄情绪、倾听彼此需求的机会。

阿达里奥给两人发了电子邮件后离开了办公室，去一个贸易展览会上做演讲。驱车离开时，他对自己的计划感到很满意。从个人层面而言，他很高兴自己没有走捷径。与解雇了隔壁邻居的老板不同，他为了保住麦克尼尔的工作而额外用心。他还觉得自己在捍卫自己的一些基本价值观，比如体面待人，他甚至为麦克尼尔的儿子做了些事。他期待着告诉妻子自己处理这件事的过程。

就管理层面而言，阿达里奥觉得自己的计划也很有意义。让沃尔特斯和麦克尼尔两人商讨解决方案，他自己就不会过于严厉或强硬——她们才是计划的"所有人"，这样制订的计划才更有可能成功。阿达里奥本人参与解决问题并帮助麦克尼尔，这也表现出他对部门职员的关心。而且在他看来，在会议桌前坐下商讨并拿出行动计划，这种做法会让每个人都明白公司紧迫的现状。

阿达里奥的演讲进行得很顺利，与一家重要零售商长时间的午餐会也相当顺遂。几周来，阿达里奥第一次度过了美好的一天，他觉得这是他应得的。即使是办公桌上的文书工作也不再让他烦躁。但糟糕的是，他一回到办公室就得知麦克尼尔被解雇了。

原来，沃尔特斯一直在与其他几位管理者讨论这一情况，其中还包括一位高级副总裁，正是他曾提出帮她解雇麦克尼尔。当天下午早些时候，麦克尼尔走进自己的办公室，发现沃尔特斯和那位副总裁都在等她。他们立即给了她一封解雇信，信中说她"与管理人员关系不融洽"。他们告诉麦克尼尔，要在接下来的几小时里把工作与继任者交接完。（沃尔特斯从另一个地区重新指派了一个人，那个人也自愿帮忙。）麦克尼尔可以领取最后一个月工资以及相当于半个月工资的遣散费，接着就必须收拾好个人物品，上交工作证，然后离开公司。

这一事件已经成为阿达里奥所在部门的一个决定性时刻，但不是他设想的那样。这一时刻发出两个信号：一个在台面上，一个在台面下。在台面上的信号传递的信息是

"家庭是这家公司高效运营的阻碍"。在台面下的信号传递的信息是"绕过上司没关系"或者说"绕过阿达里奥没关系"。面对对与对的抉择，阿达里奥最终却没有做成"对"的事。他的想法令人钦佩，但他试图塑造组织价值观的这一行为却大错特错。

阿达里奥开局不错。他认识到，这一事件可能是他公司的一个决定性时刻，可以为"我们是谁，我们代表什么？"这个问题提供部分答案。他也在考虑一些实际的事，比如如何倡导部门的价值观，再比如自己的决定和行动可能传递出什么样的信息。

但事情的结局很糟糕。部分原因是，泰诺事件让阿达里奥觉得要干脆利落、鼓舞人心、"做正确的事"，但这些不适合用在这个问题上。结果，他高估了善意与崇高的道德情操在决定性时刻的作用，又低估了管理技能、努力以及精明和街头智慧的作用。他以为一项需要长达几个月精心谋划的任务自己一下子就能完成。

阿达里奥也没有仔细思考道德现实主义者提出的四个问题的答案，虽然这些问题可能会提高管理者成功地用重要决策确定组织决定性时刻的可能性。倘若阿达里奥回答了这些问题，那他也会理解为什么定义或重新定义组织的价值观是管理工作中最微妙和最苛刻的挑战之一。

阐释之争

彼得·阿达里奥的某些极有价值且切实可行的指导有一个不太可能的来源，就是某个出生于文学家庭、大半辈子都在哈佛大学任教的大学教授，他从未管理过一家公司，也从未写过关于商业的文章，还将商业世界不屑地称之为"纯粹的贸易"。[1]这个人就是威廉·詹姆斯。他学习的是医学，却以心理学家、宗教学者和哲学家的身份而闻名。事实上，他帮助建立并普及了实用主义思想学派。詹姆斯对"什么是真理？"这个古老的问题有着实用、务实的思考。而这种思考方式恰恰与彼得·阿达里奥这样的管理者密切相关。

在《实用主义》一书中，威廉·詹姆斯用了一个独特的说法来总结阿达里奥需要学习的第一堂课。他写道："狡猾的人的踪迹就这样凌驾于一切之上。"[2]詹姆斯认为，根本不存在"独立的真理，我们只发现真理，真理不再受到人类需求的影响"。[3]表面看来，这个观点既愚蠢又危险。它甚至否认了真理的可能性，从而也抛弃了现实、科学和客观性。同时，詹姆斯的看法似乎也迎合了疯子与暴君，因为他们会以任何自己高兴的方式来定义真理。但这些并不是威廉·詹姆斯头脑中的持重、严肃、务实的想法。通过淡化"事实"并强调"真理"的可延展性，他表达的观点是我们不可避免地会通过自己的阐释去理解"事实"。

我们来回想一下安提戈涅和克瑞翁。两人都是同一个城市的公民，都熟知法律并信仰宗教，也都经历过同样的血腥内战。然而，对于共享的社区族群与宗教生活，他们却有着截然不同的理解。接着想想管家史蒂文斯。他觉得他的主人和许多政治领导者一样，是一位高尚的外交家，但其他人却觉得他的主人受到了纳粹的愚弄。再来探究一下我们的日常经验。公司会定期发布财务数据，并附上对数据的解读，然后财务分析师就公司的业绩表现又会做出自己的阐释。政客们不停地从自己的立场对某件事发表看法，而我们又会解读他们的看法。同样地，在凯瑟琳·麦克尼尔一事上，虽然彼得·阿达里奥和丽莎·沃尔特斯了解的情况都是相同的，但他们得出的结论却迥然不同。

但我们得注意，这并不是说事实无关紧要，也不是说没有什么真假是非。德国作家歌德（Goethe）曾写道："经历只是经验的一半。"构成经验的另一半是人们感知、衡量、简化和阐释经历的多种方式，亦即对经历的解读。事实当然存在，它们也很重要，但我们身处其间，不断地掩饰事实，又不停地以自己的方式阐释事实。詹姆斯曾说道："我们所有的惯用话语里，都存在人为的扭曲。"[4]

关于强生公司及 1982 年泰诺事件的普遍看法就是阐释的胜利。由于在泰诺事件中成功地进行了危机管理，强生公司在媒体和商业伦理课程中备受瞩目长达 15 年。但这并非必然会发生，因为对强生公司的经历、信条和价值观可以有多种阐释。

比如，在 20 世纪 80 年代初，大获成功的止痛药洛麦克斯（Zomax）导致至少 14 人死亡，但强生公司却延迟召回该药品，这让其大受诟病。强生公司的一位监管事务主管评论道："我们抵制太多，等待太久。"有人可能就会问，强生公司的信条体现在哪里？针对洛麦克斯提起的产品责任诉讼超过 800 件，但到了 1988 年，只有 3 件开庭审理，其他所有诉讼均已庭外和解。而和解协议条款则包括了禁止原告泄露所知的该药物的信息。[5]

1986 年，泰诺事件再次发生。1982 年的六人因泰诺中毒死亡的事件发生后，强生公司将胶囊进行了三重密封保护，但还是有人弄破了这三重密封保护，最后导致一人不幸殒命。换言之,又有一条人命促使强生公司停止销售非处方胶囊产品。难道强生公司在得知首位因此丧生的人后第一反应是死得"太少、太晚"?

1990 年,强生公司推出了一种新的玻璃纤维产品,所使用的技术却被法院认定是盗取自 3M 公司。在随后的诉讼中,法官以专利侵权和挪用商业机密的名义对强生公司罚款 1.16 亿美元。[6]几年后,强生公司又被罚款 750 万美元,因为它销毁文件妨碍了联邦机构多年来对其非法销售某药物的调查。[7]

人们也很容易对强生公司的近期历史有另一种阐释。阐释的中心是洛麦克斯事件而非泰诺事件,因为前者是该公司忽视其信条的一系列事件的开端。从这个角度来看,著名的泰诺事件只是公司惯常做法的一个例外。也就是说,推出洛麦克斯的决定完全顺理成章。与泰诺有关的六起死亡事件的全国新闻报道让人们对泰诺谈虎色变,强生公司的声誉也岌岌可危,同时推出洛麦克斯的财务成本远低于 1 亿美元,如何抉择显而易见,因为没人愿意在治头痛时还要像玩俄罗斯轮盘一样,要是运气不好还得付出生命的代价。

那么,在泰诺事件以及强生公司承诺的信条中,"独立的真理"是什么？为什么对强生公司及其价值观的一种阐释压倒了其他解读？詹姆斯·伯克认为部分原因可能是，在1982年泰诺事件中，媒体成了强生公司的"帮手"。这并不意外。相反，这正是伯克的管理技能、价值观、经验、坚韧、精明和谋略本能的有力证明。因此，泰诺事件成了一个决定性时刻，揭示并重申了公司对其信条中重要价值观的承诺。一种阐释在阐释之争中压倒了其他阐释，并大获全胜。

如果阿达里奥明白这一点，他成功的可能性就会高得多。他表现得好像自己对凯瑟琳·麦克尼尔处境的认知是客观事实，而不是基于自己的道德观的阐释。比如，阿达里奥认为这是对与对的冲突，而丽莎·沃尔特斯则认为这是对与错的冲突。沃尔特斯认为，基本的伦理就是负责任，准确地说，麦克尼尔不发挥自己的作用就是不负责任，而阿达里奥不采取行动也是不负责任。IBM这个客户至关重要，而在公司面临危机的这段时间里，该项目的进度却一直延后。沃尔特斯还认为，在负荷过重的团队中，有人却能获得特殊待遇，这对其他人而言非常不公平。

如果彼得·阿达里奥认识到自己的观点只是众多阐释中的一种，那么他处理此事可能会更顺利。一旦明确了他想在部门中鼓励的价值观，他就应该问自己在组织的决定性时刻管理者应该考虑的四个重要的基本问题中的第一个问题：我希望用其他哪些对难题或困境有说服力的且相互竞争的坚定阐释来界定我的部门的决定性时刻？

这个问题的答案可能会给阿达里奥敲响警钟，有助于他放弃对事件的崇高看法，认识到自己正在进行的是艰难的阐释之争，而非对真理和善良的正义追求。彼得·阿达里奥的"家庭友好型"合作观正在与丽莎·沃尔特斯的"全力以赴，拯救公司"的想法一较高下。

真理"有效"

什么样的阐释最有可能赢得组织内部的阐释之争，并影响其他人的思维和行为？威廉·詹姆斯对此给出了一个复杂而微妙的答案。如果像彼得·阿达里奥这样的管理者想成功地让特定的想法、解释和价值观成为其组织的"真理"，那么他们就需要弄明白这个答案。

詹姆斯认为，成功的想法、胜利的想法才是有效的。这听起来可能很简单，但实际上是一种复杂且不同寻常的思考真理的方式。传统对真理的认识要简单得多，也就是说如果一个陈述符合某种外部现实，那么它就是真的。例如，如果有人对一只死虫子做出了一种陈述——"那只虫子已经死了"，那么这句话就是真的。换句话说，一个真实的陈述就如同一面映射现实的镜子。

詹姆斯相信，在处理诸如道德或宗教等复杂而重要的问题时，这种对真理的看法举步维艰。我们的经验仍然至关重要，但不是像简单的映射现实的镜子那样，也不是像陈述一只死虫子那样。詹姆斯写道，想法只有发挥作用、满足人类的真正需求并通过过去经验的考验，才能成为真实。

严格来说，真正的想法有三个特点。第一，它们具有"经验意义上的兑现价值"，"对我们的生活有益"。[8] 第二，它们也可以嫁接到我们已经认为是真实的想法上，且不会引起过多干扰。第三，真正的想法浅显易懂，而非佶屈聱牙。詹姆斯写道："对正常思维而言，最终胜利的看待事物的方式也会留下最深刻的印象。"[9]

这种思维方式对管理者意味着什么？如果彼得·阿达里奥这样思考，那他就会想方设法找出人人都通过直接经验验证过的有效方式，然后通过这种方式去表达他在工作与家庭问题上的看法。这样他也不会过多地扰乱别人的世界观，他们也能很容易地听清楚、搞明白。但在这个问题的措辞上他可能需要一些改变。"工作－家庭"对阿达里奥与妻子及麦克尼尔来说意义大致相同，都意味着疲惫不堪，每天自己似乎都被拉扯向成百上千个方向，事情永远干不完，身心俱疲。对他们而言，这就是詹姆斯所谓的兑现价值与经验在工作－家庭问题中的意义。

但从经验来看，这种说法对塞耶麦克沃德公司大多数其他员工而言意义不大。很少有人有孩子，他们几乎都是年轻的单身汉。在他们每天的经历中，"工作－家庭"的兑现价值反而意味着他们有时不得不工作更长的时间，因为其他有孩子的员工已经下班带孩子去看足球比赛或者去看医生了。如果阿达里奥用"生活要保持平衡"或"给自己留点充电的时间"等话语来表述和阐释他希望部门员工遵循的价值观，那么他就有可能成功地将自己的观念移植到其他员工的观念和经验中。

对阿达里奥的上司，那位分管现金流和经营业绩的副总裁来说，"工作－家庭"是一种危险信号，带点政治正确的意思，承诺会有更多的工作小组和政策声明，还可能会增加成本，让自己的工作更加复杂。阿达里奥想要成功，就得以令人信服的方式来描述自己在提高生产力或改善招聘工作方面的计划。如果一种阐释能让公司变得更强大或者能满足公司老板的需求，那么它才更有可能成功并成为公司的真理。

对阿达里奥的这些建议很容易让人会错意。它们可能看起来像是巧舌如簧的嘴上功夫，或是政治宣传。在一家公司里，道德必须经常偷偷溜后门，或者披着经济和私利的外衣。虽然这是事实，但詹姆斯并不建议不择手段。他呼吁采取兼具创造性、洞察力和能力的行动，使像彼得·阿达里奥这样的管理者在表达自己的理想和价值观时，能与他手下职员的经验、需求和价值观产生共鸣。这需要管理者能够超越"事实"，并了解他人对事实的看法。

詹姆斯·伯克依赖这一天赋以及多年成功的市场营销经验成功度过了1982年泰诺事件早期的重要时刻。强生公司的一些管理者认为，公司面临的"泰诺问题"只是影响单一产品的业务问题。伯克对此不敢苟同。他非常正确地察觉到，媒体会把这件事当作"强生公司的问题"来报道，政府也会将其视为公共卫生问题，客户则会因为这个问题而对强生公司的产品心生恐惧。

管理者在面对伦理难题时，能了解他人对事实和事件的看法，这一点尤其重要。这些问题往往会激发强烈的情感和冲突，而价值观上的分歧也可能被视为对他人品性的抨击。而那些必须解决问题的管理者与其他人一样，都很容易受到这类伤害。例如，阿达里奥在设想计划的时候，他确信自己在做正确的事情：麦克尼尔能保住她的工作，也会如期恢复 IBM 产品线的工作。坚定地站在道德高地上的阿达里奥认为，沃尔特斯和副总裁才是需要伦理指导的人。

在组织的决定性时刻管理者应考虑的第二个基本问题是：这种情况和我的想法对我非常需要其支持的人而言有何兑现价值？如果阿达里奥认真考虑了这个问题，那他可能进展得更顺利。对这个问题的思考可能有助于阿达里奥完善并调整他的言辞，以符合他自己工作中的具体心理和政治语境。

真理发生在观念之上

威廉·詹姆斯对真理还有一个宝贵见解，传达出如他一样的领导者感悟到的东西，以及像彼得·阿达里奥这样的管理者需要学习的东西。与他提出的真理"有效"的观点一样，这个见解也似乎偏离了与真理的标准对应（也就是类似死虫子）的观点。詹姆斯认为："一个观念的真实性不在于其固有的静态属性。真理发生在观念之上。观念之所以变成真的，是事件造成的。它的真实性实际上是一个事件，是一个过程。"[10]

这种方式对管理者思考决定性时刻意义重大。从这个角度来看，对一个组织来说，一个决定性时刻绝不只是一个勇敢的行政决定或一个像强生公司召回所有泰诺胶囊那样的高潮事件。要知道，终场的戏剧性时刻往往只是复杂的政治、心理和管理过程中最后且最显眼的部分。否则，就很容易忽略高潮事件之前的所有过程。

对管理者来说，过程非常重要。它让某种阐释获得胜利，并将其作为一个组织的"真理"，还让决定性时刻成为可能。阿达里奥就忽略了泰诺事件之前强生公司的一切行为。他十分钦佩强生公司的所作所为，但他更应该钦佩的是，强生公司在采取行动之前早已做好了万全的准备。

危机时刻，强生公司采取了一系列努力想要重申公司对其基本价值观的承诺，而伯克的举动只是这一系列努力中的又一次行动。强生公司的信条已经存在数十年之久，出自曾多年担任董事长的受人敬重的罗伯特·约翰逊将军（General Robert Johnson）之手。该信条精雕细琢，偶尔会进行更新和阐明，更重要的是，时间证明它对生意大有裨益。将母亲和医生的优先顺序远远排在股东之前，它阻止了公司目光短浅地只追求利益的做法，因为那可能会危及整个公司的声誉。此外，在泰诺事件发生的几年前，伯克曾询问公司高管该信条是否仍然适用，随后通过高层讨论再次确认了其对公司的价值。即便后来发生的洛麦克斯事件及其引发的负面宣传，也可能会促使强生公司更加认真地对待它的信条。

因为真理是一个过程，早在麦克尼尔进公司前，阿达里奥就已经开始了对家庭友好型工作场所的倡导。从一开始，他就应该意识到他让麦克尼尔处于艰难且易受伤害的境况之中。例如，麦克尼尔在应聘面试时就告诉过他，自己坚决执行育儿计划，因此每天只能工作 10 小时。但当时她的这番话让阿达里奥异常满意。他没有考虑其他同样可能出现的情况，比如她的日托安排可能会泡汤，因为这种情况时常发生；又比如她儿子偶尔会生病，她需要陪他或者带他去看医生。单亲家庭让人备受折磨，再加上工作要求极高，麦克尼尔最终肯定会觉得难以应对。即使在面试时阿达里奥问起这些突发事件，即使麦克尼尔说自己已经做好了准备，他也应该持怀疑态度并慎重考虑，因为几乎每个人在面试时都会扬长避短，希望自己能顺利获得工作机会。

阿达里奥犯的另一个错误在于他告诉麦克尼尔，只有在极少数情况下她才必须在晚上或周末加班。这话说得过于随意了，甚至有点天真。阿达里奥明明知道，公司还未站稳脚跟，再加上行业过于动荡，未来的工作时间根本无法确定。

更糟糕的是，两人都忽略了号称对家庭友好的塞耶麦克沃德公司究竟怎么样这一问题。该公司高管口头上支持这一倡议，但并未制定任何相关政策。大多数人在理论上都支持家庭友好政策，特别是当总部的虚华辞藻赋予其政治正确的意味时。但随着压力的增加，当他们必须为某个拖后腿的父母收拾烂摊子时，他们的观点很可能会发生变化。阿达里奥和麦克尼尔需要更加坦率、更加现实，甚至带有一点怀疑，这样二人才会更清楚她在塞耶麦克沃德公司可能面临的挑战。

在决定雇用麦克尼尔后，阿达里奥本应采取一些措施为她顺利工作奠定基础。比如，争取上司和手下职员对雇用决定的支持，这点非常关键。又比如，他应该让他们明白麦克尼尔为公司带来了重要的技能和经验，尤其是在对接 IBM 方面。再比如，他还应该为他们创造机会，让他们私下了解她，甚至接触她的儿子，这样他们就更能理解和欣赏她兼顾家庭和工作后取得的成就。

麦克尼尔开始工作后，阿达里奥本应以某些方式给予支持。比如，他本可以让上司知道她出色的工作成绩和努力的工作态度。这就可能让总部的人对她有个好印象。这样的话，沃尔特斯就更难越过阿达里奥直接快速地解雇麦克尼尔。

简而言之，阿达里奥没有意识到，决定性时刻只是漫长而复杂过程中的一环。不幸的是，他几乎没有做任何准备工作。然后当危机发生时，他视其为日程安排问题或人际关系方面的误会，希望通过共同商讨就能让所有人都站起来，同他一道向家庭友好的大旗致敬。阿达里奥未能考虑在组织的决定性时刻管理者应考虑的第三个基本问题：我是否精心策划了一个过程，让我所在意的价值观成为组织的真理？

为了维持

马基雅维利可能会礼貌地倾听本章为彼得·阿达里奥提供的大部分建议。真理是一种有效的阐释，强大的想法具有兑现价值，真理是一个过程——所有这些观点都符合他的世界观。但他应该对阿达里奥还有些其他建议。

相较于文艺复兴时期意大利充斥着的种种危险与背信弃义，马基雅维利很可能会把阿达里奥面临的兼并、债务、裁员和官僚操纵视为小孩的把戏。当时在意大利，人们的生活（包括他自己的生活）总是动荡不安。他一生都在学习彼得·德鲁克所说的动荡时代的管理。

阿达里奥可能会对马基雅维利提出的第一个问题感到震惊：他希望自己的工作能维持多久？丽莎·沃尔特斯的形象显然越来越好。他不在公司时，她与他的一位上司合作，迅速解决了一个他忽略了的重要问题。那位副总裁没有斥责她越过了阿达里奥，甚至也没有人建议她应该走个过场先咨询一下阿达里奥的意见。在这个决策上，阿达里奥无足轻重。

马基雅维利会告诉阿达里奥，阐释之争可能是权力之争。胜利的阐释不仅可以决定公司的价值观，还可以决定奖金、晋升和职业生涯。如果沃尔特斯在解雇麦克尼尔前并没有想要阿达里奥的职位，那么她很可能会在这件事之后产生这种想法，因为高层管理者似乎很喜欢她这种掌管事务的工作风格。阿达里奥在以体察他人的怀柔方式处理问题时，沃尔特斯却行事果敢，毫不手软。马基雅维利让面临组织的决定性时刻的管理者思考这样的问题：我的目的是不是获胜？这个问题也是管理者在组织的决定性时刻应考虑的第四个基本问题。

他可能还会提到，获胜绝不仅仅意味着在比赛结束时拥有一大堆好东西，如金钱、福利、头衔等。尼采指出，更深层、更强大的力量（他称之为"权力意志"）激发了人们的动机，塑造了人们对事件的阐释。他写道："我们在自己觉得最自由自在的哲学中寻求世界。也就是说，在那里我们最强大的驱动力可以自由发挥作用。"[11] 换句话说，沃尔特斯与阿达里奥的分歧充分传达出个人对生活、工作和伦理的基本看法。风险过大时，为了获胜人们会加入组织。

在这样的世界里，倡导干脆利落、鼓舞人心、做正确之事的道德观只能让人成为默默无闻的殉道者。马基雅维利谴责那些只活在伦理抱负的"想象世界"中的管理者，他们在现实世界里袖手旁观。阿达里奥未能帮上麦克尼尔，还可能导致自己的职位不保，进而危及家庭的安稳。雇用麦克尼尔时，他并没有做错。他相信她能胜任这份工作，也钦佩她的勇气，想向她伸出援手，让她在工作中能够应付自如。所有这一切都值得称赞。但这些值得称赞的想法需要策略、精明和政治头脑的保驾护航。

詹姆斯·伯克在这些方面技能高超，在两次泰诺事件中他将这些技能运用得炉火纯青。例如，1986年又一次中毒死亡事件导致强生公司宣布不再在柜台销售胶囊产品后，伯克同意接受电视直播采访，一位嗅觉敏锐的记者问："遇害女孩黛安娜·埃尔斯罗斯的母亲说，她觉得强生公司的决定迟了整整三年。对此你有何回应？"

记者想让伯克措手不及。她的问题直接且极大地唤起了观众的同情心。她显然是在暗示，伯克与强生公司对那名无辜年轻女子的死亡负有责任。

伯克没有时间预备如何作答。在演播室的强光下，他直面摄像机，稍有差池就会导致严重的后果。1982年泰诺事件发生后，强生公司花费巨资重塑形象，重新让泰诺打入市场。伯克如果承认强生公司有责任就会招致诉讼，而高管的辩护或者逃避则会引发质疑问难。要知道，一个公司的声誉就像一块水晶，打磨需要经年累月，而摧毁却只需要一瞬间。伯克回答道：

我的回应是，如果我是黛安娜·埃尔斯罗斯

的母亲，我也会这样说，我也会这样想。事后看来一目了然，我自己也希望我们没有让（泰诺）胶囊重回市场。[12]

短短三句话的回应，只花了不到十秒钟的时间，却完整地传递了伯克的言下之意和言外之意。他成功地走出了记者预设的陷阱，丝毫没有伤及自己的名声和强生公司的声誉。他也没有转换话题。他没有说"我们已经尽了最大努力"，没有说真正该全权负责的是那个在胶囊中下毒的人，也没有说强生公司也是受害者。他毫不犹豫、毫不遮掩地直接回答了记者的问题。

伯克表示与受害人母亲感同身受，这就和那位记者一样，直击观众的心灵。他的回应表明自己也是一个普通人，很能理解这对母女的悲剧。与此同时，尽管他对胶囊事件的处理决定感到遗憾，但也简要提到，事后看来才一目了然。这种表述让他既能够表达自己遗憾的心情，又不会让人以后在法庭上拿来针对强生公司。

彼得·阿达里奥没有伯克这样的技能。某种与他意图完全相反的事情正在进行，也有些微妙的讯号向他发出暗示，但他却完全忽略了。上文提及，丽莎·沃尔特斯给阿达里奥留了两张便条，每一张都建议替换掉麦克尼尔。这些便条究竟有何含义？它们是某种计划的试探、提议、初步说明，还是对阿达里奥权威的考验？因为麦克尼尔的去留问题本该由他来决定。沃尔特斯是怎么看待阿达里奥没有回应自己的第一张便条的？是他太忙了，是这件事不够重要，是他觉得沃尔特斯的做法并无不妥，还是他踌躇不决所以她应该采取主动，抑或是他认为她过虑了？显然，沃尔特斯将他的反应理解为他不会阻止解雇麦克尼尔。她甚至可能认为，阿达里奥想要解雇麦克尼尔，却不愿意自己动手。

此外，阿达里奥早就应该意识到沃尔特斯对麦克尼尔和他想在部门倡导的价值观都构成了威胁。回想起来，她一开始就不愿意雇用麦克尼尔，而且她和部门其他人都习惯通过组织果决行事。这点点滴滴单个看来可能没什么重大含义。然而，它们串在一起发出的某种信号，本应该让阿达里奥警铃大作。

如果从一开始，甚至在雇用麦克尼尔之前，阿达里奥就设法与沃尔特斯统一战线，或者至少让她不自作主张，那马基雅维利肯定会对他表示赞赏。但现在，马基雅维利可能觉得值得赞赏的是丽莎·沃尔特斯，至少是她快刀斩乱麻的做法。她量力而为，谨慎行动，还给自己找到了一个强大的盟友，也就是那位帮她执行计划的副总裁。

如果阿达里奥仔细思考了下述四个重要问题，他就会有更好的表现：我希望用其他哪些对难题或困境有说服力的且相互竞争的坚定阐释来界定我的部门的决定性时刻？这种情况和我的想法对我非常需要其支持的人而言有何兑现价值？我是否精心策划了一个过程，让我所在意的价值观成为组织的真理？我的目的是不是获胜？

在失败中磨炼

马基雅维利可能会让阿达里奥回答最后一个问题，在这个问题中，政治因素转化成个人原因。他会问，阿达里奥真的在意创建一个家庭友好型部门并向凯瑟琳·麦克尼尔施以援手吗？阿达里奥的做法与马基雅维利的一个基本信念背道而驰：

> 将自己的行为与时代精神保持一致的人将会获得成功……我们可以看到，两个同样谨慎的人，一个能达到目的，另一个却遭遇失败；与此类似，

> 两个同样成功的人却有着不同的习惯，一个谨慎，
> 一个随意。这一切都源于他们的行为是否与时代
> 精神相契合。[13]

阿达里奥从一开始就应该意识到，他正在与公司的
"时代精神"做斗争。他现在还想继续这样做吗？如果他
想把自己看作一个有组织的人，或者像史蒂文斯那样的好
管家，那么摆在他面前的路现在就一目了然了。麦克尼尔
的工作丢了，组织的价值观也阐明了，现在的他需要保住
自己的工作。但马基雅维利提出的损失控制策略却完全忽
视了阿达里奥的失败也可能是一个个人层面上的决定性时
刻，就像史蒂夫·刘易斯关于圣路易斯之旅的决定一样。

像刘易斯一样，阿达里奥现在必须决定他会不会越过
某些界限。他应该就解雇麦克尼尔一事做出抗争吗？还是
应该明确表示不同意？或者他应该说自己虽然支持决定但
有保留意见？抑或应该说沃尔特斯做了他本打算做的事？
阿达里奥在这些选项中犹豫不决，这也将揭示和检验他的
一些基本价值观，也正如尼采所强调的那样，选择自己未
来的模样。尼采可能也会以类似的方式看待阿达里奥的选
择。阿达里奥现在面临尼采的诘问："这是我的路，你的

路在哪里？"

彼得·阿达里奥可能会认为那是针对年轻人的问题。毕竟，他已经在三家不同的公司工作了14年，他早已结婚生子，对计算机行业也了解颇深。他的人生大事，似乎已经完成得差不多了。他以为自己知道自己是谁，清楚自己的立场，而职业生涯的成功也表明他做出了正确的选择。但这种想法会让尼采反感。他谴责自满之心，他说："正在成长过程中的人，如果自满于自己的成长，便会心浮气躁，表现为裹足不前或自鸣得意。"[14] 一位成果斐然的研究尼采的学者指出，对尼采而言，"自我的创造并不是一个静止的过程，也并非最终的目标，不能一旦实现就失去了继续改变和发展的可能性"。[15]

从尼采的角度来看，阿达里奥的失败实际上是一个学习和个人成长的机会。罗杰·汉森自杀后，一位熟人说道："像丹尼那样轻松度过高中和大学生活的人，没有经受过失败的磨炼。"没有人喜欢失败，但有人永远无法从失败中恢复过来。尽管如此，尼采颇为浪漫的宣言"那些杀不死我的，只会让我更强大"，对管理者来说，蕴含着某种真理。

对一直在工作和生活中享受成功的阿达里奥而言，逆境的经历极其宝贵。他告诉他的上司（也就是那位副总裁），他不同意解雇凯瑟琳·麦克尼尔，并强烈反对做出这一决定的方式。接着他告知丽莎·沃尔特斯，他将在下一次工作表现评估中如实记录她的所作所为。副总裁和沃尔特斯都没有多说什么。接下来的几个月，阿达里奥一直忐忑不安。他担心自己的做法可能让工作不保，但类似麦克尼尔事件的情况却再也没有出现过。

阿达里奥从中学到了什么？他发现自己对待工作更加矛盾了。尽管工作累人，他还是心存感激，主要是因为他相信自己曾经差点儿工作不保。同时，他更加意识到自己所在的商业体系的武断性和潜在的严酷性。毕竟，他目睹了公司只提前四小时通知凯瑟琳·麦克尼尔，那位尽力照顾孩子的母亲，那位勤奋而有才的员工，她被解雇了。然后她拿着相当于半个月工资的遣散费，含泪走出了公司大门。阿达里奥后来得知，她被解雇后整整五个月都没有找到工作。

阿达里奥还觉得，自己已经摆脱了天真的想法，不再试图重新定义一个组织的价值观，哪怕是像他的部门这样的小组织。他现在以全新的视角看待强生公司的泰诺和洛麦克斯事件。他意识到，自己需要如萨特所言把手弄脏。这就意味着他要更加精明、更加现实地思考和行动，避免再像之前那样，无视身后的锯木之声，还趴在树上，让自己和依赖自己的人再次陷入险境。阿达里奥现在明白了，管理者只有具备出色的管理和政治技能，才能履行其道德责任。在那次令人沮丧和痛苦的经历之后，他觉得自己已经开始本能地理解了这一点。

最后，阿达里奥开始重新审视各种碎片如何拼凑成了自己的生活。他的失败并没有导致中年危机，它导致的反而更像是中年反思。[16] 不近人情的工作不仅使婚姻变得紧张，让孩子们也几乎排在了待办事项的最末一位，更令他成为解雇一名兢兢业业、令人钦佩的员工的帮凶。这是他想要走的路吗？用亚里士多德的话说，这些是他想要塑造自己品性的行为和习惯吗？从詹姆斯的角度来看，这些是否给予了"至关重要的满足感"，是否"对生活有益"？

显然，"这是我的路，你的路在哪里？"这个问题对阿达里奥来说，不仅关系密切，而且至关重要。通过反思其所引发的问题，他可能更容易避免走上另一位中年中层管理者即管家史蒂文斯的老路。

德性、美德与成功

关于 RU 486 药品的决策是决定性时刻中最复杂的一类。罗塞尔 – 尤克拉夫公司董事长爱德华·萨基兹肩负重任，他不能违背自己的良知，也不能辜负股东、员工、妇女、医生、科学家和政府卫生机构。对那些虎视眈眈、条理分明地想要抨击他的人而言，他对未出世的孩子们也负有责任。而所有这些都是正确之事，萨基兹必须再三权衡才能做出决定。

同时，关于 RU 486 药品的决定对萨基兹个人来说也是一个决定性时刻。他既是医生、科学家，也是管理者、股东的代理人，更是公民、家庭的一员。像史蒂夫·刘易斯和彼得·阿达里奥一样，萨基兹的行为也会表明这些责任的哪一项在他的生活中有着最深层的根源。这一决定很可能是萨基兹作为一位高管、一名医学研究人员抑或是一个人在世界上遗留下来的东西。用尼采的话来说，这将界定"他的路"。

对 RU 486 的决定也将是罗塞尔－尤克拉夫公司的决定性时刻。对于"为生命服务"的承诺在此次事件中意味着什么，公司内部存在着严重的分歧。一些人认为公司在道德上有义务将这种药物投放市场；一些人鼓励别人要有良心、站出来反对；还有一些人则担心公司因此被卷入政治旋涡。就连高管也分为两派：两名高管赞成将 RU 486 投放市场，另两名则反对。人人都目光灼灼地看着萨基兹。他的一举一动对 RU 486 和公司都有决定性意义。

罗塞尔－尤克拉夫公司内部的阐释之争与彼得·阿达里奥及丽莎·沃尔特斯的困境如出一辙，只是规模更大、情况更复杂，因为萨基兹也参与了一场涉及其上司与下属的风险极高的权力之争。赫斯特公司掌握着罗塞尔－尤克拉夫公司 55% 的股份，尽管它的管理层也在 RU 486 上意见不一，但其董事长是一位罗马天主教徒，他本就反对堕胎，在堕胎药 RU 486 上态度尤为坚决。与此同时，萨基兹下属的两名高管也反对将这种药物投放市场。萨基兹和彼得·阿达里奥一样，也被夹在中间，左右为难。

萨基兹对 RU 486 的决定将会明确公司在社会中的角色，确定其与众多利益相关者的关系。这既是一个长期过程中的重要关头，也可视为第三个重要方面的决定性时刻。政府机构、媒体和利益集团都会对公司的举动做出不同的反应。他们的反应也会反过来影响公司执行对 RU 486 的决策以及未来对其他产品的决策的能力。罗塞尔－尤克拉夫公司的一些利益相关者态度友好，一些则怀有敌对心理。每个人都有自己的盘算。因此，萨基兹不能单方面明确公司在社会中的角色。随着时间的推移，它会从公司与其他多方的合作或对抗中慢慢显现出来。

萨基兹的决定异常复杂。他将重新审视、检验并在某种程度上塑造自己的伦理观。像史蒂夫·刘易斯一样，萨基兹必须做出一个明确的个人选择，这将成为他生活和职业生涯的重要组成部分。与此同时，他的决定也将确定其公司的一些基本价值观，以及它与利益相关者的关系。

"暂停经销"

1988年10月下旬，在法国政府批准RU 486上市一个月后，萨基兹与罗塞尔－尤克拉夫公司执行委员会做出了决定。《纽约时报》用这样的话描述了这一决定：

> 在10月21日的一次会议上，萨基兹呼吁对RU 486进行讨论，这让管理层大感诧异。在罗塞尔－尤克拉夫公司那超现代的董事会会议室里，一贯持反对意见的人再次重申了他们的反对意见：RU 186可能会引发抵制；它既有损员工的士气，也会让管理层在争论中因捍卫公司的声誉而投入过多精力；最后，它永远都不可能为公司赢得巨额利润，因为大部分的药品都会以成本价在第三世界销售。
>
> 两小时后，萨基兹再次震惊了委员会，因为他提议由众人投票决定。他自己举手支持暂停经销RU 486。显然，它注定无法进入市场了。[1]

在投票后的一次采访中，萨基兹说："我们肩负着管理一家公司的责任。如果我只是一个无牵无挂的科学家，那我一定会采取不同的行动。"[2]

10月25日公司将这一决定告知了员工。第二天公司公开宣布，"由于反堕胎团体的压力，公司将暂停该药物的经销"。公司的一位管理者解释道："美国的压力集团非常强大，比法国的更甚。我们知道，在美国总统竞选中，堕胎是一个主要的辩论议题，但在法国，人们对堕胎谈论得越来越少。"[3]

罗塞尔－尤克拉夫公司的决定以及萨基兹在其中的角色引发了惊讶和愤怒。批评人士指出，该公司及其领导层让一个大有可为的公共卫生工具变得前景黯淡，还树立了一种懦弱的榜样。萨基兹的一位同事兼朋友艾蒂安·埃米尔·鲍利埃（Etienne Emile Baulieu）博士的研究为 RU 486 的开发做出了重要贡献，他表示这一决定"在道德上是可耻的"，还指责萨基兹向压力屈服了。还有些评论家暗讽说，对罗塞尔－尤克拉夫公司的决定并不感到意外，因为早在 20 世纪 60 年代，面对争议，它就曾决定不生产避孕药。

罗塞尔－尤克拉夫公司宣布将暂停经销三天后，法国卫生部部长将公司的副董事长召至办公室并表示，如果公司不恢复经销，法国政府则会把专利转让给另一家愿意经销的公司。（根据法国知识产权法，在符合国家利益的情况下，政府可以将从一家公司获得的专利交予另一家公司。）与卫生部部长会晤后，罗塞尔 – 尤克拉夫公司又宣布，还是会经销 RU 486。

这些事表明，RU 486 事件绝不只是对勇气的挑战。在决定性时刻，看起来爱德华·萨基兹似乎通过牺牲自己的信念来保住工作。毫无疑问，无论在公司内部还是外部，都存在对 RU 486 的强烈反对声，但萨基兹却没有努力调动和领导盟友。他没有抵抗，直接放弃了。在公司的决定性时刻，萨基兹的举动看起来是将政治谨慎和对股东的回报置于研究和"为生命服务"之上。

何为成功

马基雅维利会对这些批评沮丧地摇摇头。在他看来，这些话听起来肤浅、伤感又显得天真。他会问那些将萨基兹称为失败者的批评者："到底何为成功？"他自己对此有一个明确的答案，这就让他能从另一个角度来评判萨基兹。

马基雅维利高度评价了那些稳妥且富有远见的统治者，

他们统治的国家也呈现一派繁荣、稳定与和平之象。他们就是他所认为的成功的理想形象。以赛亚·伯林爵士是当代研究马基雅维利的卓有建树的学者之一，他写道：

> 和西塞罗、李维等古罗马作家一样，马基雅维利的理想总是浮现在他的脑海中。他相信，人们（至少是社会地位更高的人）所追求的是共同努力创造和维护一个实力强大、治理良好的社会后所获得的成就和荣耀。4

但领导者如何才能做到这一点？马基雅维利的答案与动荡的时代息息相关且十分扣人心弦，同时又因极为复杂而很容易引发理解上的偏差。例如，伊丽莎白时代的戏剧家选择马基雅维利最令人震惊的箴言来塑造"杀人的马基雅维利"的形象。后人也纷纷效仿。但如果马基雅维利就这么简单、片面，那他在长达四个多世纪的时间里就不会引起那么多有权有势的人的兴趣。更糟糕的是，对马基雅维利的刻板印象导致了人们对其思想要点的忽视。他并未谴责道德或基督教。事实上，他明确地表示，欺骗、背叛和谋杀不会带来荣耀，他所称颂的君主也并非狭隘自私的掌权者。

马基雅维利的核心观点是，成功的领导者必须遵循一种特殊的伦理准则，这一准则不同于他们的个人道德和犹太－基督教伦理。用以赛亚·伯林的话说，就是"公共生活有它自己的道德"。[5] 他用一个类比来阐释马基雅维利的观点：

> 成为一名医生，就是要成为一名专业人士，如果病情需要的话，做好烧、灼、截肢的准备。因为个人的不安或因为某些与你的医技无关的规则而半途而废，则是一种糊涂和软弱的表现，会让你左支右绌……世界不止一个，美德不止一套，但在它们之间左右为难却万万不可。[6]

"德性"是马基雅维利对公共生活道德准则的表述。这个词并非美德的旧称，因为两者所指大相径庭。德性融合了活力、自信、想象力、精明、勇气、实用技能、个人力量、决心与自律。马基雅维利毫不犹豫地指出，如果每个人都是道德的、合作的，那么德性就无关紧要了，但这一观点并非出于他自己的经验。马基雅维利时代的一位当权者曾写道："城市被世仇和宿怨撕裂……新建立的联盟顷刻间就被打破，乡村在被烧杀抢掠后留下累累创伤，在混乱无序中，旧的社会纽带被撕裂，新的社会纽带被锻造。"[7]

　　萨基兹以及其他许多高管的世界，与马基雅维利的世界非常相似。与"世仇和宿怨"相对应的是大多数公司持续不断的内部政治斗争，尤其是在一个工作得不到保障而高管却收入颇丰的时代。与外部危险和不断变化的联盟相对应的，是恶意收购和公司与竞争对手以及可能成为竞争对手的供应商和客户建立起来的典型的不稳定的战略联盟。政府机构、工会、利益团体、当地社区和媒体都是潜在的盟友和对手。一些利益相关者与公司建立了宝贵的伙伴关系，一些则坚持不懈地与公司作对。市场竞争冷酷无情，媒体在很多情况下也同样如此。

　　在这种情况下，建立一个发展、稳定、赢利的企业是一项了不起的成就。将一种开创性的产品（特别是像 RU 486 这样的产品）投放市场——用马基雅维利的话说，即"改变事物的顺序"——是非常复杂和危险的。马基雅维利会说，在这种情况下，德性不可或缺。只有想法天真的管理者才会对此不以为然。

马基雅维利的问题

　　下文的三个问题可以帮助管理者将德性转化为实用指

南。这三个问题总结了马基雅维利给管理者的主要建议，他们必须明确公司在社会中的角色以及与重要利益相关者的关系。当然，这三个问题也可视为如何以马基雅维利的标准来评估爱德华·萨基兹的行为。

马基雅维利认为，软弱的领导者和脆弱的组织在这个世界上无论好坏都成就甚微，因为他们忙于生存。脱胎于此观点的第一个问题就是：我是否已尽我所能保住我的职位以及组织的力量和稳定性？马基雅维利也坚信命运偏爱大胆的人，所以第二个问题就是：我是否创造性地、富有想象力地思考了我的组织在社会中的角色及其与利益相关者的关系？第三个问题则表达了马基雅维利对为特定情况选择正确策略的思考。在《君主论》的第18章中，马基雅维利写道，成功的领导者必须随着环境变化，能够像狮子或狐狸一样行事。他解释道，因为"狮子识别不了陷阱，而狐狸打不过群狼"。[8]因此，第三个问题就是：我应该像狮子还是狐狸一样行事？

为了评估萨基兹的做法，我们必须先从第三个问题开始，以这三个问题为中心审视他的一举一动。只有仔细研究萨基兹的策略，才能确定他是否真的在为罗塞尔－尤克拉夫公司寻求稳固的基础，以及他是否创造性地明确了公司在社会中的角色。

　　显然，萨基兹不是狮子。他没有占山为王。他也不像詹姆斯·伯克那样是谁心中的榜样。然而，马基雅维利对像狮子般行事心存疑虑。他知道，有时领导者必须无所畏惧、果断出手，他也理解英雄和榜样给人的吸引力。但他还是觉得狐狸更有能力生存下去，繁荣发展。他写道："那些只知道像狮子一样行事的人并不知道自己在做什么。""最懂得如何像狐狸一样行事的人才能获得最大的成功。"[9]

　　狐狸隐蔽、警惕、聪明、敏捷。它们非常了解各种细微差别和手段花招，而且行事巧妙。它们喜欢迂回，会耐心地等待，敏锐地观察，然后抓住机会。在下判断之前，马基雅维利想知道萨基兹是否想要"像狐狸一样行事"。要想知道答案，就得先辨别罗塞尔–尤克拉夫公司所做之事和未做之事的细微差别、萨基兹的行为过程以及公司取得的成效。

　　我们先来探讨一下罗塞尔–尤克拉夫公司未做之事。它既没有说 RU 486 是不道德的，也没有说产品的销售会违反公司的信条。它也并未表示将放弃销售 RU 486 的计划，只是表示将"暂停经销"。没有任何迹象表明这种暂停会持续多久。萨基兹甚至没有说他坚定地支持这一决定，相反，他透露说如果自己只是"一个无牵无挂的科学家"，他会做出不同的决定。

我们再来探讨一下公司公告中的一些其他细节。公告中表示，"来自反堕胎团体的压力"是导致公司做此决定的主要原因。这使得堕胎权利团体不得不采取行动。也就是说，公司宣布其决定是迫于种种外部压力。那也可以这么推测，来自另一方的足够大的压力也可以使其结束暂停经销。该公司还强调了来自法国以外的特别是美国的压力。这又含蓄地表现出：对抗美国的压力集团和强大的德国企业高管，努力捍卫一家法国公司的自主权（以及法国国家的独立和尊严？）。

萨基兹的行为过程也很能说明问题。同样，细微差别的重要性在这里也凸显出来了。我们回想一下，当萨基兹提议对 RU 486 进行投票时，所有人包括高层都深感意外。然而，那时世界妇产科大会正好在里约热内卢召开。与会的绝大多数人员都支持 RU 486 上市。罗塞尔－尤克拉夫公司暂停经销的决定促使该组织采取行动。在萨基兹的鼓励下，鲍利埃牵头将 RU 486 作为会议的主要议题。最终，数百名医生签署了一份请愿书，谴责罗塞尔－尤克拉夫公司，并表明要抵制该公司及其主要控股公司赫斯特。

媒体对罗塞尔－尤克拉夫公司的决定进行了大肆宣扬，这也放大了对其决定的反应。萨基兹曾向记者讲过一个人咬狗的故事。没有人指望萨基兹去否定自己多年的努力和奉献，因为他亲自参与了 RU 486 的早期研究，然后又赞助了它的开发。此外，多年以来公司已经投入了数百万美元用于开发 RU 486，最近还申请下来了上市许可。没人料想公司会放弃这一切。因此，萨基兹表态支持反对该药物的人时，大家都感到十分诧异。

萨基兹打破了人们的期望，获得了媒体和世界各地堕胎权利团体的极大关注。《纽约时报》的头版标题是"制药公司停止所有堕胎药的经销，提及来自反对人士的压力"。类似的新闻报道引发了美国和欧洲的女性团体、计划生育倡导者和医生对罗塞尔－尤克拉夫公司的猛烈批评。在巴西召开的医学会议的反应则促成了另一个头版标题（"医生抗议制药公司对堕胎药的决定，谴责撤回该药品"）的诞生。

罗塞尔－尤克拉夫公司最初的决定出人意料地被推翻，这让堕胎权利团体松了一口气，让堕胎反对者感到沮丧，让许多旁观者起疑。一些人怀疑该公司和政府是否合力编排了这出闹剧。一些人指出，政府科学和卫生官员与罗塞尔－尤克拉夫公司的管理者和研究人员多年来一直在RU 486、其他产品及其他监管问题上通力合作。此外，法国政府还是该公司的主要股东之一。因为存在这种密切的长期关系，他们之间无须明确的规划。熟悉彼此的各方只需通过眨眼和点头，就能明白对方的意图，互相配合、协调，遵循法国人有时所说的"预期反应规则"。简而言之，他们可以像狐狸一样行事。

萨基兹似乎异常关注马基雅维利认为至关重要的一系列问题：我在公司内外有什么盟友？我需要什么盟友？哪些党派会抵制或反对我的做法？我是低估了他们的力量和战术技巧，还是高估了他们的道德？我能快速灵活地做出反应，从而抓住机会吗？

显然，萨基兹对成为一只孤独、光荣的死狮子没有什么兴趣。相反，他选择在幕后操纵，检验潜在盟友的实力和承诺，然后让其中最强的盟友即法国政府对RU 486的最终决定负责。

根据结果来判断

当然，像这样的阐释都是推测，因为罗塞尔－尤克拉夫公司和萨基兹都没有就此接受采访。但认为萨基兹"像狐狸一样行事"的观点可以通过萨基兹投票反对 RU 486 引发的种种事件的结果来验证。我们也正好可以看看马基雅维利如何分析那些主人公们不想暴露真实意图时的情况。马基雅维利写道，每个人都知道君主看起来是什么样子，但很少有人知道君主真实的样子或领导者真正的想法。对于这样的情况，他给出了这样的建议："对人的行为，尤其是君主的行为，要根据结果来判断。当然，质疑君主的行为是极为大胆的。"[10]

萨基兹有何成就？更具体地说，他是否保住了自己的职位甚至更进一步？他是否为公司的发展和安全做出了贡献？他是否以创造性的方式明确了公司在社会中的角色？

在个人层面上，萨基兹成功兑现了他对 RU 486 的个人承诺：罗塞尔－尤克拉夫公司将首先在法国，然后在其他地方经销该药物。同时，他使自己的工作不受赫斯特公司董事长的影响。因为法国政府已经下令让罗塞尔－尤克拉夫公司销售 RU 486，所以赫斯特公司想用反对该药物的人来取代萨基兹的做法不仅收效甚微，甚至可能惹恼法国卫生部，使之以多种方式进行报复，因为它负责监管两家公司在法国销售的各种产品。

对罗塞尔－尤克拉夫公司的员工来说，犹疑、猜测的时期已经结束，公司的决定非常明确：将在法国政府的支持下经销 RU 486。任何反对这一决定或反对萨基兹的举动现在都是徒劳的。最终的决定并不是只由萨基兹做出的，而是由法国政府做出的，所以一些敌对情绪就会从萨基兹的身上转移至法国卫生部。毕竟，现在政府是将 RU 486 推向市场的最终责任方。卫生部部长明确表示："我不能允许堕胎辩论让女性无法使用一种代表医疗进步的产品。"萨基兹可能希望，随后的反堕胎抗议将只针对法国政府，而不再针对罗塞尔－尤克拉夫公司、赫斯特公司以及它们的股东。罗塞尔－尤克拉夫公司甚至也以巧妙的方式表达出了同样的想法。在与卫生部部长会面后，公司副董事长发表评论称："我们肩上的道德负担减轻了。"也就是说，道德负担落在了其他地方，因此抗议者和抵制者应该对准其他目标。

最后，萨基兹是如何明确罗塞尔－尤克拉夫公司在社会中的角色的？显然他并未走捷径。他本可以采用所有美国制药公司的惯常做法，通过完全退出避孕药和其他生殖药物市场来避免多年的争议和抵制，从而让他在德国的老板满意。为了证明这种方法的合理性，他还可以用耳熟能详的标准术语将罗塞尔－尤克拉夫公司的社会角色明确为其股东的财产，继而辩称，必须搁置 RU 486，因为应对抵制罗塞尔－尤克拉夫和赫斯特公司的花费比它所能赚的钱要多得多。

萨基兹没有那样做。相反，他似乎以一种非凡的甚至大胆的方式明确了罗塞尔－尤克拉夫公司的角色。这在政治方面也可视为一种催化剂。公司积极促使和引导媒体报道；虽因暂停经销令一些盟友失望，但广泛组织调动了其他盟友；鼓励甚至安排了政府的干预，并试图淡化将 RU 486 投放市场的责任。

罗塞尔－尤克拉夫公司以独创、复杂、果敢的方式致力于"为生命服务"。寻求非手术堕胎的女性及其医生将是该公司的核心利益相关者。最终，罗塞尔－尤克拉夫公司将首先在法国然后在其他地方经销 RU 486，萨基兹和他的公司都没有沦为殉道者。

亚里士多德的问题

有些管理者的决策将决定公司在社会中的角色及其与利益相关者的关系，针对这些人，马基雅维利给出了以下建议。第一，不要对成功感到困惑。成功意味着拥有一个强大而繁荣的组织，因为弱小和贫穷的人能做的好事很少。第二，注意你的对手，不要高估他们的道德或低估他们的能力。第三，记住管理者不能简单地决定公司在社会中的角色，必须磋商和交涉。因此，他们要灵活多变，抓住机会，有时扮演狮子，更多的时候扮演狐狸。时时都要依靠德性。这些建议至关重要。史蒂夫·刘易斯以精明和实用调和了道德抱负，并取得了个人和职业上的一场小胜。彼得·阿达里奥拥有美德却没注意德性，因此一无所获。

但马基雅维利的建议也令人困惑：许多臭名昭著、权势滔天的恶棍忽略美德只依靠德性，把世界搅得天翻地覆。显然，对面临萨基兹这样的选择的管理者来说，还迫切需要一些其他建议。亚里士多德发展了关于人类美德的最重要的理论，他的著作是此类建议的绝佳来源。他关于合理道德决策的思维核心是一个通常被称为"中道为贵"（the golden mean）的概念。不幸的是，这个由古罗马诗人贺拉斯（Horace）多年前创造的短语已经变得耳熟能详，掩盖甚至淡化了一个非常强大和有用的概念。

对亚里士多德来说，中道为贵的原则是通往美德的关键。下文选自关于道德哲学的非常著名和非常有影响力的段落之一，他写道：

> 不足和过度都会摧毁道德品质，正如在健康和力量方面一样。因为过度和不足的锻炼都会破坏一个人的力量，吃喝过多或太少都会有损健康，而适量的锻炼、适量的食物则会产生、增加力量，让人保持健康。因此，节制、勇气和其他美德也是如此。逃避和害怕一切、什么都不反抗的人变成了懦夫；一点都不害怕、大步冲向每一种危险的人则变成了莽夫。[11]

乍一看，亚里士多德的观点有点令人失望。崇高的理想、永恒的信念和热情的承诺似乎都从伦理领域中消失了，取而代之的是他提倡的谦虚、谨慎和克制。亚里士多德提出了一种慎重应对、蹈常袭故和明智妥协的道德观。这些可能都非常实用，但也十分枯燥乏味。

为什么亚里士多德似乎支持在道德方面有所保留之人而不是道德崇高的英雄和圣人？答案很简单。他认为，过度或不足都可以真正"摧毁"道德品质。过度会使善变成恶，使美德变成恶习。他指出，人人都不应做出冒险或导致殒命的道德承诺。举个例子，安提戈涅和克瑞翁都面临同样的伦理问题：以合适的方式来对待在血腥内战中死于叛乱的安提戈涅兄弟的尸体。这个问题使虔诚、对家庭忠诚与恢复社会秩序、避免更多流血冲突对立起来。两人的做法体现出各自不同的道德理想。他们都没有留下任何可以协商的余地，因此也将自己和家人置于命运的滚滚车轮之下，走向悲剧的结局。

如果在这个混乱血腥的世纪末，亚里士多德还活着，他会发现大量的悲剧证据来支持他那深思熟虑、审慎明智的道德观。许多领导者恪守其严格的政治原则，导致无数残忍、恐怖的行径和大规模屠杀事件层出不穷。还有人被宗教理想点燃，将《圣经》《古兰经》或其他宗教文本解读成无情的杀戮宣言，自己也成为沾满鲜血的刽子手。

亚里士多德建议要谦虚谨慎，特别是在重要的伦理主张遭到反对时。他希望那些发现自己的职责、承诺、责任和美德之间存在张力或冲突的人在追求其他价值观时，不要突然从一个极端转向另一个极端，不要践踏人类的一些基本价值观。这就是为什么斯图亚特·汉普夏会认为对亚里士多德来说，"在一个冲突不可避免的世界里，平衡代表着一种深刻的道德理想"。[12]

平衡的理想为管理者提供了宝贵的指导，他们必须解决对与对的冲突，尤其是像爱德华·萨基兹面临的这种冲突，这些冲突使许多重要的价值观和责任相互对立。亚里士多德向管理者提出的问题是：你是否已尽一切努力在道德和实践上取得平衡？根据亚里士多德的平衡标准，萨基兹表现得相当出色。他的努力展现出了平衡的四个方面，在管理者必须确定其公司在社会中的角色以及与利益相关者的关系时，这些方面就显得尤为重要。

首先，平衡可用来衡量管理者追求的目标或目的。亚里士多德的平衡理想含蓄地要求处于萨基兹（或刘易斯，或阿达里奥）的地位的人，确保自己面临的困境确实让两种道德责任对立起来了。中道为贵并非用来衡量偷窃数量、剥削工人数量的工具，或者借用亚里士多德举的例子，它也不是用来通奸的办法。

换言之，如果萨基兹的目标是提高年终奖并购买一套漂亮的公寓，那么他的欺骗行为在道德上就是不合理的。亚里士多德认为，德性必须为道德目的服务。同样，导致了肮脏的手的行为也必须为道德目的服务。只有道德目的才能为不道德的手段正名。因此，从所追求的道德目标和承诺来看，萨基兹采用的策略并无不妥。况且，他的策略似乎是他穿过重重迷雾般的道德责任后所能找到的最实用、最不阴险的一种策略。

其次，平衡也可用来衡量手段或策略。萨基兹在这个方面也表现良好，因为他的行动温和而谨慎。他小心翼翼地避开了极端和无法挽回之处。萨基兹很清楚他个人对 RU 486 的支持，但他并未试图以此领导一场公开运动。因为这样做可能会加剧抵制，增加股东的成本，还可能让他失去工作，并因此失去了追求以 RU 486 为中心的道德目标的机会。与此同时，萨基兹并未局限于股东代理人的身份——只知道计算收益数字，并因 RU 486 可能导致入不敷出而将其退回实验室储物架上。过分迎合老板和股东会违背其他的重要理想。简而言之，萨基兹选择了走中间路线的战术。

在背离全部事实上，他也颇为温和。尽管双手可能变得肮脏，但他还是尽可能地保持干净。萨基兹没有隐瞒他对 RU 486 的支持，暂停经销确实是暂时性的，他给出的暂停理由（反堕胎运动，特别是美国国内的抗议）即使不算充分，也是准确无误的。萨基兹没有公开他的整个计划，也没有提醒人们注意鼓励支持 RU 486 的时间和措辞上的细微差别。他完全遵循威尼斯的那条古老格言："是真理，但不是对每个人而言都是真理。"他没有直接撒谎，而是巧妙引导并加以掩藏。

再次，平衡的第三个方面涉及超越当下，所追求的不仅仅是当下的平衡，更是能经得起时间检验的平衡。未来不可预测，一个平衡的行动计划必须能应对一系列可能的场景和变化的环境。在法国市场投放 RU 486 一事上萨基兹只做了一个决定，后续再讨论要不要投放中国、美国和欧洲其他国家的市场。他的决定只是"暂停"在法国经销 RU 486。简而言之，萨基兹在一个非常复杂的棋盘上只走了一步，然后等待着其他人的反应，观察着接下来会发生什么。

最后，在 RU 486 一事极其复杂的决策过程中，萨基兹对自己与罗塞尔 – 尤克拉夫公司所起的作用也非常谨慎。他并未试图为受药物影响的许多利益相关者（国家、政府机构、医疗团体、妇女组织和教会）做出有约束力的且合乎道德的最终决定。相反，他根本没想过要自己一手拍板。通过投票决定暂停经销，萨基兹只是把这个问题抛了出来。然后他就像一名精明的活动家，隐在众人之中，让国家政治当局做出最终决定。这种做法不仅在战术上十分高明，而且在道德上也合乎情理。RU 486 在伦理、政治、社会和医疗方面均有重大影响，对此类药品的最终决定权不可能完全掌握在一个相对较小的营利组织手中。

美德与德性

将马基雅维利关于成功和德性的观点与亚里士多德关于平衡和美德的看法并置在一起，我们会得到什么？乍一看，似乎是为面临难题的管理者提供了负责、务实的建议。马基雅维利在公共生活伦理方面的观点让人觉得可怕，亚里士多德似乎提供了一种让人更容易接受的方法。看来，似乎只要保持在美德的范围内，德性的实践就没什么问题。

但这也太大刀阔斧了。它忽略了马基雅维利对传统道德的挑战，忽略了本书的一个核心主题，即对与对的冲突。有时，一个有责任感的人必须做某件正确的事情，而另一件正确的事情却因此无法完成。有时，一个人必须做一些像欺骗这样的不正确之事才能履行重要的道德义务。成功和德性有时需要美德不赞同的东西。这就是为什么《肮脏的手》中的资深领导者会问："你以为你能纯真地管理别人吗？"

事实上，问题更加严重。美德与德性并非管理者可以根据情况使用的替代工具包。亚里士多德和马基雅维利都相信，美德与德性应该是而且通常是品格特征，而非战术策略。就拿史蒂夫·刘易斯举例吧，一个年轻人选择了某种职业后，为了成功，他必须集中精力，磨炼特殊技能，强化个性中的特定元素，并以特定的方式思考人情世故。在组织中获得权力和责任需要持续的努力。领导、改变和维护一个组织，需要领会某些看待世界和塑造世界的独特方式。工作成了一种生活方式。它要求人具备某些美德，面对某些恶习的侵扰，并以特定方式给人带来改变。

　　萨基兹的职业生涯无疑证明了这一结论。他是否计划了本章探讨的每个步骤？他是否冷静计算了每种情况的可能性？他是不是那个伟大的、富有远见的操控师，让其他人都像木偶般按他的命令行事？答案当然是否定的。根据媒体的报道，面对这些决定的萨基兹也很挣扎，在他举行的新闻发布会上，他显然十分焦虑。但他的生活似乎早已让他做好了准备，能在极其复杂的环境中本能却精明地行事，跌跌撞撞却坚定地往前走。萨基兹的父母是亚美尼亚人，但他出生在土耳其，后移民法国。在那里他努力学习成为一名科学家和医生，后来又管理了一家大型公司，该公司由法国政府和一家大型德国企业集团共同拥有，并通过战略联盟与其他几个大型组织建立了联系。这种背景让他能够以负责且务实的态度引导公司不陷入堕胎辩论的旋涡。不管好坏，RU 486 一事揭示并检验了在自己所选择的职业和生活的塑造下，萨基兹成了什么样的人。

美德与德性并未最终调和，两者仍然处于永久的紧张状态。管理者同时生活和工作在两个不同的世界里。一个世界里交织着责任、承诺和道德抱负。在这个世界里，最佳建议是寻求平衡和实践美德。另一个世界仿若激烈、残酷的竞技场。在这里，成功需要德性。

这些世界之间的紧张局势往往处于休眠状态。此时，管理者游刃有余。然而当紧张局势以尖锐冲突和痛苦选择的形式爆发时，可能会造成可怕的后果。这就是为什么亚伯拉罕·林肯在内战期间衰老得特别快。这也是切斯特·巴纳德用"道德泯灭"一词来描述道德冲突影响经理人员的原因。

这些至关重要的选择，无论让人多么痛苦，都有另一面。它们是决定性时刻，在这些时刻中，组织及其领导者揭示了他们的持久承诺，检验了他们理想的力量，塑造了他们的品格。这些时刻需要创造力、坚持、勇气、克制、精明和公平，要求人能在美德与德性不可避免的紧张关系中工作和生活。

　　因此，这些情况都可能转变为伟大时刻。至少那位在本章中始终保持沉默的道德现实主义者是这么认为的。弗里德里希·尼采写道："最伟大的人或许也拥有最伟大的美德，但如果是这样的话，他们也拥有美德的对立面。我相信，恰恰因为对立的存在及其引起的感受，伟人这张带有巨大张力的弓，才能得以发展。"[13]

安静的空间

现代世界看起来与本书提供的许多建议互相抵触。许多人觉得，日常生活节奏快速、支离破碎。现在，各地的管理者都面临采取行动、提供解决办法的压力。因此，必须在对与对之间做出选择时，管理者往往没有机会退后一步，好好审视一下自己必须解决的包括个人方面和职业方面的复杂问题。

这种情况充满风险。即使管理者有足够的时间来思考，对与对的决策也具有较高的挑战性。因为**对与对的抉择是管理者揭示、检验和塑造其价值观和组织价值观的决**

定性时刻。这些决策涉及各种责任之间的较量，包括管理者对自己、对组织中其他人以及对社会中其他群体的责任。

　　幸运的是，即使生活忙碌，负责任的管理者也不太可能完全忽略掉决定性时刻。对与对的抉择让人关注自己，因为它们会同时将管理者拉扯向不同的方向。他们察觉到有什么不对劲，内心感到撕裂。那个令人烦忧的问题"你以为你能纯真地管理别人吗？"似乎在背后隐约可见。

　　但接下来呢？如果生活是一个旋转木马，随着狂欢音乐的响起，它旋转得越来越快，那么个人沉思的时间和空间在哪里？类似"这是我的路，你的路在哪里？"这样的问题怎样才能引起足够的注意和考虑？当复杂性无处不在时，我们如何才能追求"超越复杂深层的简单"？还有什么方法可以避免后果严重的战术错误，比如那些差点让彼得·阿达里奥丢了工作和自尊的错误，或者像男管家史蒂文斯在职业生涯即将结束时回想起的那些永远无法弥补的深深的遗憾？简而言之，我们面临的挑战，是在处理眼前的重要之事时如何避免危及那些构成我们根本的重要元素。

马可·奥勒留

要做到这一点，可以学习那位在著作中和在生活里都直面挑战的人。他就是古罗马皇帝和哲学家马可·奥勒留，他也是我们所研究的管理者的先驱。

马可·奥勒留深知现实生活中的关怀和责任，因为他在成年后的大部分时间里都在与几乎压倒一切的行政责任作斗争。在公元161～180年间，他统治着一个横跨欧洲、北非和中东大部分地区的庞大、复杂且混乱的帝国。马可·奥勒留是罗马宗教的大祭司，也是罗马法庭的最高法官。晚年时期，虽然健康状况每况愈下，但他仍选择离开罗马，花费好几年时间带领军队与入侵部落长期作战。

值得注意的是，这个负担沉重、忙碌踏实的人也是一位哲学家。马可·奥勒留关心的是日常生活的伦理和实践智慧，而不是宏大的理论或系统的知识。一位评论家这样描述他："马可·奥勒留是罗马人，不太热衷于漫无边际的思考，但痴迷于思考实际行动、与人交流、工作调节、在繁忙的事务中保持平静等方面的问题。"[1]

为了获得生活的指导，马可·奥勒留转向了斯多葛学派。这一学派起源于希腊，（它的起源时间比他生活的时代早四个世纪），它实际上更像是一种宗教，而不是一种系统理论，因为它的主要目的是为日常生活提供意义和方向。斯多葛学派寻求神的眷顾，珍视美德和理性，期望从激情中解脱出来，并尽量不去关注自己无法控制之事。

马可·奥勒留是如何将行动的生活与沉思的精神结合起来的？他如何从长远的角度看待当前的紧迫任务？从他的个人日记中人们可以找到答案。晚年时期，马可·奥勒留对自己的思考、观察和自我批评进行了非正式的记录。他是写给自己看的，并非为了别人。他想知道自己是谁，应该如何工作和生活。马可·奥勒留把这本日记称为《致自己》，几个世纪后才被世人称为《沉思录》。

以下是对马可·奥勒留的描述，当时他坐在一个大帐篷里，在一场战役的空隙中倚着烛光写作。

> 军营陷入沉睡，这位晚睡早起的皇帝坐在桌子旁，不是在思考战斗、围困和命运，而是在思考自身，如自我的精神状态，自己的做法是否公正，说没说真话，有没有控制脾气。在这些夜晚里，他时时想起自己作为一个人和一个统治者所树立的理想，精心建构这些理想，思索实现理想的方法，反思自己的过去，畅想可能的未来。[2]

马可·奥勒留的生活和思想给我们带来三个启示，有助于我们摆脱当下的束缚，也让本书提出的建议尽可能地具有可操作性和实用性。

宁静的时刻

马可·奥勒留给管理者的第一个启示与工作无关。恰恰相反，它的重点是不工作，努力创造宁静时刻。在《沉思录》一书中，马可·奥勒留再三提醒自己放慢脚步，后退一步，停下来思考一下。他写道："你是否因外在忧虑而分心？请给自己一个安静的空间，让自己能对善有更多的认识，能学会抑制自己的不安。"[3]他告诉自己："任何地方都比不上自己的灵魂，它能让一个人心神宁静，自在无忧。"[4]他还写道："那么，请时常停下脚步，在宁静的时刻不断让自己重获力量。"[5]

这种关于停下脚步的说法听起来可能让人觉得过于超凡脱俗，也似乎意指有些人没有勇气去努力改变世界。但事实上，马可·奥勒留从未逃避职责。他直到去世都勤勉于政务，从未卸下肩上的重担，而这也可能是导致他过早离世的原因。

马可·奥勒留相信，宁静时刻可以让他不至于过度沉迷，不会在生活无穷无尽的挑战中迷失自我和方向。宁静的时刻仿若一剂良药，让他在面对不断吵闹、没完没了的请愿和精心策划的阴谋时能喘一口气。马可·奥勒留并非想逃避，而是想让自己活得更好，更能理解自己的责任，在心理、情感和精神上准备充分。

如果马可·奥勒留如今还在世，他很可能会问管理者们，他们的生活中是否有一个与他的大帐篷类似的地方，里面摆着桌子，燃着烛火。他不是指现实世界中的某个地方，而是与他们探讨（谨慎而轻声地，因为他本就是一个温和的人）那个让精神沉思和重获力量之地。马可·奥勒留很可能会感到惊讶和担忧，那些肩负着世界上众多职责的人，居然很少会将注意力从其他人、议程、截止日期、电话和电脑上移开，只是静静坐着，审视内心，反观自己的生活、想法和感受。

一位备受尊敬的高管在担任一家非常成功的《财富》500强公司董事长不久后，这样回忆道：

> 去年我休息了两个月。我去了科罗拉多，摘下了手表，然后打了个盹儿。我十分诧异于自己

过去35年来生活中的巨大压力。压力逐渐累积，
越来越大，肾上腺素也越来越少……我必须学会
在低肾上腺素水平下生活，还要对自己感到满意。
我必须学会不要完全沉迷于根据日程安排与他人
快速交往，不要沉迷于别人对我的看法。但不幸
的是，这些对经营企业而言都至关重要。[6]

马可·奥勒留会敦促在这个过程中认识自己的人，去
寻找或腾出一些真正属于自己的时间，让自己不再只是作
为任务和关系网络中的一个节点。他很关心忙碌的管理者
能否找到办法在生活中创造一个"安静的空间"。

寻求生活的真理

马可·奥勒留的第二个启示隐含在《沉思录》的字里
行间。他认为，宁静的时刻和思考可以用来应对日常生活
和工作任务，也可以用来度过偶然却关键的时期，也就是
我们所说的"决定性时刻"。马可·奥勒留在日记中写满
了提醒、警告、劝诫和建议，揭示自己对如何生活、思
考、工作、领导和行动进行的沉思。哪怕经常思考宇宙的

本质、人类的命运或自己的死亡，他也不会忘记从当下的生活中吸取经验教训。

马可·奥勒留如何在沉思期间做好准备履行职责呢？也许我们可以从《沉思录》的第一章找到部分颇有价值的答案。在第一章中，马可·奥勒留对十几个人逐一表示感谢，因为他们每个人都对他产生过影响。他从祖父开始表达谢意，感激他给自己塑造了"有礼有节、安然祥和"的榜样。在第一章接近尾声处，在他用对神灵的感谢结束这一章之前，他花了两页纸的篇幅来讲述自己从父亲那里学到的一切。

这一章很容易被人忽视。初看起来，它似乎只是一份尽职尽责的致谢列表，但其中大有深意。这一章是一个有力而实用的例子，让人学会如何借鉴本书提供的指导，或者是如何借鉴任何关于生活的指导，并使之成为自己的行事指南。为了迎接每天大大小小的挑战，马可·奥勒留勤勤恳恳，从他周围之人的生活和经历中学习经验。

第一章表明，马可·奥勒留所追求的是生活的真理、岁月检验过的伦理标准，以及历经生活磨难铸就的美德。在描述自己如何从他人那里学习时，马可·奥勒留常常使用"他向我展示了""他是活生生的证明"和"通过他我学到了"等短句。他仔细研究了人们的实际生活和行为，而不是他们在演讲、信条或道德原则声明中说的话。这种对生活真理的探索是马可·奥勒留第二个启示的基础。他会建议管理者努力成为精明、善于探寻、有洞察力的观察者，去观察周围人的生活、付出和各种经历，特别是要留意那些面对决定性时刻并妥善解决问题的管理者们。

人生经历会将各种活生生的案例摆在每一位管理者的面前。这些都是宝贵的机会，可以学习其他管理者如何解决管理上的道德困境，因为自己某天可能也会在自己的行业中成为管理者。事实上，本书中提出的所有问题都可以稍加改变，作为现实案例的反思指南，几乎每个组织都会向面临这些问题的人提供这些指南。例如，史蒂夫·刘易斯这样的决策引发的每一个个人问题都像一面棱镜，透过它们，人们可以更深入地思考其他管理者必须解决的道德认同问题。他们可以这样问自己：我所认识的管理者会如何回应尼采的"成为你自己"的建议？什么样的价值观在他们的生活中最根深蒂固？他们的感觉和直觉如何看待他们面临的对与对的冲突？他们如何获得和使用自己的力量？

史蒂夫·刘易斯的案例让我们窥见了决定性时刻的个人因素。在思考是否去圣路易斯时，他想起了父母的事情，特别是当餐厅拒绝为他们安排座位后他们的举动。他还试图从韦伯斯特的角度来看待自己的决定。如果刘易斯有更多的时间，他还可以问问其他同为非裔美国人的分析师，听听他们如何处理类似情况。说不定在被问及去不去圣路易斯之前，他就能与他们（以及韦伯斯特）探讨他们的经历，然后认真思考如何应对类似情况。其他分析师的经历本可以为他提供经验、教训甚至警告。对走上同一条职业道路的人来说，了解他们的每一次经历都是一次极好的学习机会。

让彼得·阿达里奥苦苦挣扎的问题，即关于组织的决定性时刻的问题，也可视为学习的机会。此时问题就变成了：我认识并钦佩的管理者在组织中倡导的是什么样的伦理价值观？必须调和哪些相互矛盾的阐释？他们如何将这些转化为需要其支持的人的"兑现价值"？他们如何安排使特定的价值观成为组织的真理这一过程？他们何时以何种方式获胜？他们如何引开或抵御对手？

不幸的是，当彼得·阿达里奥准备解决他所面临的难题时，他只参考了一个案例，即他对泰诺事件美化了的回忆。他既没有回想从生活中的事件和决定中或从近距离观察中学到的教训，也没有借鉴妻子的经验，尽管她因为雇主未能解决工作和家庭问题而辞去了两份工作。

最后，还有一些问题会让管理者超越其组织的界限，例如爱德华·萨基兹在 RU 486 一事中必须解决的问题。这些问题也可以成为思考和学习的工具。可以这样问：据我所知，哪些管理者创造性地、富有想象力地思考了他们组织在社会中的角色及其对利益相关者的责任？他们如何确保自己的职位以及组织的力量和稳定性？他们何时以何种方式像狮子一样行事？何时又以何种方式像狐狸一样行事？朝着目标迈进时，他们如何在道德层面和现实层面都取得平衡？

因此，马可·奥勒留的第二个启示鼓励管理者超越问题，无论是亚里士多德的、马基雅维利的、尼采的、詹姆斯的，还是其他任何人的问题，然后听听其他管理者自身的丰富详细的经历，看看他们面临的困境和做出的选择，以及他们的各种行为的后果，以这种切实的方式去追寻自己问题的答案。这样，在对与对的冲突出现时，管理者才能理解这些问题的重要性，并做好应对的准备。

想象中的完美生活

《沉思录》至今为人称颂的一个原因在于它的永恒之感。这就是为什么多个世纪以来，这本体量不大的书一直吸引着不同宗教和哲学背景的世人。尽管马可·奥勒留十分注重如何在接下来的一天甚至一小时内做好舒适生活的准备，但他也设法将日常生活中的思考置于他的整个人生的背景中，将他的整个人生又置于永恒的背景中。

例如，《沉思录》中的一些文字表明，马可·奥勒留受到了诱惑，至少以他自己的标准来看是这样。他很想详细写一写自己在历史上的声誉和角色。为了抵御这种诱惑，他告诉自己：

> 声誉的泡沫会是一种折磨吗？请看一看那快速的遗忘，看一看过去和未来的无限混沌，看一看赞美的空洞，看一看装作赞美之人的多变和浮躁，看一看你因赞扬而被束缚的范围的狭隘。整个地球只是一个点，而你居住之地只是它上面的一个小小角落。[7]

思索特定决策对其生活的意义对于面临决定性时刻的管理者尤为重要。面对紧迫而实际的情况，相比亚里士多德和尼采提出的更个人化、更长远、更无形的问题，马基雅维利和詹姆斯提出的具有战术性、务实性、行动导向性、政治敏锐性的问题可能更为有效。对亚里士多德来说，伦理的基本问题是"何为美好生活？"。当眼前的压力和复杂性让人无暇他顾时，人们面临关键抉择就很容易忽视这一重要观点。

的确，当下是我们思考、感受、选择和行动的唯一机会。作为一个实际的人，马可·奥勒留深知这一点。他写道："即便你能活三千年甚至三万年，请记住，一个人唯一能失去的生命就是他此刻所活的生命。"[8]后来，他又告诫自己："人只活在当下，在这转瞬即逝的须臾里，他的其他所有生命要么已经过去，要么还未到来。"[9]

但和亚里士多德一样，马可·奥勒留也知道要从当下的紧迫事务中抬起头来，并置身于自己渴望的生活的大背景中。《沉思录》的第一章以一种独特的方式做到了这一点。马可·奥勒留并非简单描述他所崇拜的人，然后发誓要像他们那样生活。相反，他赞扬他们每个人的生活和性格的某个方面。他筛选、取舍，赞美特定的人的特定美德、技能和特质。

马可·奥勒留这样做的一个原因可能是他在为自己熟悉之人着想。因为作为他们的学生、儿子、兄弟或朋友，他深知他们的短处、缺憾甚至恶习。这也可能是他只想学习其生活中某些方面的原因之一。另一个原因是马可·奥勒留明白生活的不可预测性，知道他很可能会面临父母、祖父母或老师未曾遇到的抉择和情况。他的生活与众不同，他在一个动荡的新时代执政，踏上的是一段不一样的旅程。因此，他不大看重他所敬仰之人的人生地图，而是更看重那些能给他带来指导的特质，它们可以帮助他和像他一样的人面对生活与工作的挑战。

为什么马可·奥勒留没有选择一个英雄或榜样，然后发誓要像他一样生活？第三个原因（也许是最重要的原因）是，马可·奥勒留想要过自己的生活，而不是复制别人的生活。通过挑选他人品格的某些方面，他积极主动、细致具体地塑造了自己的好人形象和美好生活。

作为一个忠实的斯多葛主义者，马可·奥勒留认为人们应该"顺应自然"地生活。但在他看来，自然并非千篇一律的好人形象或美好生活的典范。相反，正如一位研究马可·奥勒留的权威学者所说：

> 马可·奥勒留应该会对最近几天发生的一场运动产生一些同情，这场运动有时可以视为过于自我专注的借口，但从好的方面看，生活的主要事务就是寻找自己的身份。这种身份可能难以发觉。根据马可·奥勒留的说法，每个人都是神性的喷发，是"永恒光辉的一束微光"，所以从深层意义上说，人的职责就是成为自己。[10]

马可·奥勒留用自己珍视和渴望的美德、技能、活动、承诺、习惯和价值观，创作出了一幅心灵图画。这幅为自己而作的图画涵盖多种为人处世的方法，包括如何做朋友，如何向孩子表达爱意，如何与马屁精打交道，如何表现礼貌，如何自制，如何崇拜神灵，如何服务社区等。他从别人的示例中学习道理，然后按照自己的方式组合起来。因此，《沉思录》开篇就是"想象中的完美生活"，也是他渴望的生活的图景。[11]然后，在日记的其余部分，马可·奥勒留考量了自己如何向理想生活迈进。

马可·奥勒留很可能会问如今的管理者，他们是否认真地、创造性地思索了自己想象中的完美生活。他会建议他们根据自己的生活经验，选择某些品格特质，去打造无论作为一个人还是一名管理者都满意的可靠生活。他会告诉他们，这种生活理想可以帮助他们找到方向，坚持自己的路线，将琐碎的日常工作与更大的方向和目标结合在一起。

沉思的艺术

马可·奥勒留发展出了将工作、生活和沉思融合起来的方式。他自己那独特的方式（在深夜孤寂中写日记）非常符合他的生活和个性特点。但他的方法并不适合所有人。马可·奥勒留追求的目标远比他采取的手段更重要。毕竟，他所追求的是退隐和更新，是生活的真理，是理想生活的图景。

效仿他的人需要寻求自己的沉思的艺术，这样他们就能走上一条几千年来人人遵循的道路。从本质来看，马可·奥勒留的《沉思录》与尼采对现代人"成为你自己"的倡导隔着时间的长河遥相呼应。

尼采在下面的文字中描述了"永恒轮回之神话"。这也是他对想象中的美好生活的思考与建议。这一段文字行文优美、颇具诗意，值得大声而缓慢地诵读：

> 如果某个白日或夜晚，一个恶魔闯入你最孤独的寂寥中，喁喁私语："这种生活，你眼下正在经历且往日曾经度过的生活，你将来不得不无数次重复它。其中的每一种痛苦或快乐，每一个念头或叹息，你生命中所有无法言说的大大小小的事体，都必将在你身上重现，毫无新鲜可言。一切都会以相同的顺序排列，同样是这蜘蛛，同样是这林间月光，同样是这个时刻，同样是我自己。"[12]

尼采让人想起了深夜里万籁俱寂的时分，或许也正是马可·奥勒留在烛光下创作《沉思录》的那些时刻。工作已经结束了，日常生活的喧嚣也停止了。尼采建议，此时人们应该低头沉思，想想要做的决定，勾画未来的生活图景，千次万次，直到永恒。与马可·奥勒留一样，尼采也督促人们，选择某个时刻、某个决定、某个承诺，然后将其置于整个生活的大背景中。

　　这样看来，尼采的追求与马可·奥勒留及我们求助的其他哲学家的目标如出一辙。他们都想帮助深思熟虑的人做出艰难抉择，不仅经得起时间的考验，还反映出借鉴他人经验智慧后自己缔造的标准和价值观。

注　　释

第一章

1. Jean Paul Sartre, *Dirty Hands*, in *No Exit and Three Other Plays* (New York: Vintage International, 1989), 218.

2. Chester A. Barnard, *The Functions of the Executive* (Cambridge, MA: Harvard University Press, 1982), 278.

3. Kenneth I. Winston 对 "肮脏的手" 及其历史进行过详细、全面的阐释与分析。Kenneth I. Winston, " Necessity and Choice in Political Ethics: Varieties of Dirty Hands," in Daniel E. Wueste, ed., *Professional Ethics and Social Responsibility* (London: Rowman and Littlefield Publishers, 1994), 37-66.

第二章

1. 此说法源自 Hugo E. R. Uyterhoeven 的经典文章。Hugo E. R. Uyterhoeven, " General Managers in the Middle," *Harvard Business Review*, March-April 1972, 84.

2. 此说法源自 G. B. Richardson 的文章。G. B. Richardson, "The Organization of Industry," *Economic Journal* 82 (1972): 883.

第三章

1. 关于公司伦理项目的最新成果是 Rebecca Goodell 于 1994 年所做的研究。Rebecca Goodell, *Ethics in American Business*: *Policies, Programs and Perceptions* (Washington, DC: Ethics Resources Center, 1994). 关于类似项目的研究评论也可参见由 Donald L. McCabe、Linda Klebe Trevino、Kenneth D. Butterfield 共同撰写的文章。Donald L. McCabe, Linda Klebe Trevino, and Kenneth D. Butterfield, "The Influence of Collegiate and Corporate Codes of Conduct on Ethics-Related Behavior in the Workplace, "*Business Ethics Quarterly*, October 1996, 461-476.

2. Steven Kerr, "Risky Business: The New Pay Game, "*Fortune*, 22 July 1996, 94.

3. 学者们已经证实了管理者从经验中所学到的知识。《金融分析师杂志》(*Financial Analysts Journal*) 最近聚焦于反内幕交易的规则的公平性，发现可以使用七种关于"金融市场公平"的定义来证明这些规则的公平性。此外，该杂志还指出，金融专家对公平性的不同版本的权重存在着不小的分歧。See Hersh Shefrin and Meir Statman, "Ethics, Fairness and Efficiency in Financial Markets, "*Financial Analysts Journal* (November-December 1993): 22.

4. Goodell, 1-5.

5. William James, *Pragmatism* (Buffalo, NY: Prometheus Books, 1991), 13.

6. Milton Friedman, "The Social Responsibility of Business Is to Increase Its Profits, "*New York Times Magazine*, 13 September 1970, 33.

7. E. Merrick Dodd, Jr., "For Whom Are Corporate Managers Trustees?" *Harvard Law Review*, 8 May 1932, 1145-1163.

8. American Law Institute, *Principles of Corporate Governance*:

Analysis and Recommendation, vol. 1 (St. Paul, MN: American Law Institute Publishers, 1994), 438-440.

9. Jay Lorsch, *Pawns or Potentates* (Boston: Harvard Business School Press, 1989).

10. 关于这些问题的分析与综述，请参阅 Eric W. Orts 的文章。Eric W. Orts, "Beyond Shareholders: Interpreting Corporate Constituency Statutes," *George Washington Law Review*, November 1992, 6-132.

11. See Alasdair MacIntyre, *After Virtue* (Notre Dame, IN: University of Notre Dame Press, 1984), 51-78.

12. 政治哲学家 Michael Walzer 认为，"哲学家的第一个冲动是抵制对历史的展示、表象的世界以及某种潜在统一性的探索。一份简短的基本商品清单，很快就会被抽象地视为一个单一的商品；而哲学家自己也正处于一个单一的决策点上，至少在象征意义上是如此"。See Michael Walzer, *Spheres of Justice* (New York: Basic Books, 1983), 4. 这是教授职业道德的标准方法，其经典教科书均以约翰·斯图尔特·穆勒、伊曼努尔·康德等人的道德哲学总结为开头。本书后续部分可以作为应用这些理论的案例。

13. MacIntyre, *After Virtue*, 6.

14. 近年来，医院在处理棘手问题时已经开始求助于有道德哲学背景的伦理学家，据说这些伦理学家的贡献还不小。但也有研究证明事实并非如此。一项研究主要聚焦医学伦理顾问在延长植物人生命的几个案例上的见解与意见。研究人员发现，在七个案例中，医学伦理顾问只在一个案例上达成了一致意见。在这个案例中，患者之前就和家人商量好了，并且家人也同意，如果他持续处于植物人状态，就停止治疗，不要延长生命。研究者还指出，这些医学伦理顾问"在其他案例上的意见差异很大"。See Ellen Fox and Carol Stocking, "Ethics Consultants' Recommendation for

Life-Prolonging Treatment of Patients in a Persistent Vegetative State," *Journal of the American Medical Association* (1 December 1993): 2578.

15. 在英美哲学家的论述中，对功利主义和康德主义最具影响力的评论源自伯纳德·威廉（Bernard William）的文章《道德运气》（Moral Luck）与《人、性格与道德》（Persons, Character, and Morality）。Bernard Williams, *Moral Luck: Philosophical Papers, 1973-1980* (Cambridge, UK: Cambridge University Press, 1981).

16. Kenneth Boulding 引用了大卫·休谟的论述。"The Economics of Knowledge and the Knowledge of Economics," *American Economic Review*, May 1966, 1.

第四章

1. William H. Gilman, ed., *Selected Writings of Ralph Waldo Emerson* (New York: Penguin Books, 1983), 264.

2. See, for example, Will Durant, *The Story of Philosophy* (New York: Simon & Schuster, 1961), 41.

3. 我们在 1992 年与 35 名 MBA 候选人进行了详细的面谈，想要弄清楚刚开始自己的职业生涯的人们如何看待伦理问题。在阐释如何解决工作中的道德困境时，他们时常提到睡眠检验。See Joseph L. Badaracco, Jr., and Allen P. Webb, "Business Ethics: A View from the Trenches," *California Management Review* (Winter 1995): 8-28.

4. Douglas Coupland, *Generation X* (New York: St. Martin's Press, 1991), 186.

5. Kenichi Ohmai, "Letter from Japan," *Harvard Business Review*, May-June 1995, 161.

6. 这些遗漏似乎并非偶然。大量研究都证实了这些遗漏的存在。例如，1992 年民调公司盖洛普对 1000 多名美国青少年进行的一项调查表明，几乎所有美国的年轻人都信奉某位神明，但他们基本上都对现有的教会不感兴趣，只有 1/4 的青少年对宗教组织有着高度的信任。该调查还指出，青少年"对摩西十诫和宗教基本信条的了解明显不足"。George H. Gallup International Institute, *The Religious Life of Young Americans* (Princeton, NJ: George H. Gallup International Institute, 1992), 4-12.

7. These statistics appear in Coupland, *Generation X*, 186-187.

8. 海明威在一篇论西班牙斗牛的长文中开门见山地这样写道。在此基础上，他得出结论，认为斗牛是符合道德的。他写道，自己在观看斗牛比赛时感觉"良好"，看完比赛之后也感觉"良好"，因此他对斗牛的伦理性毫不质疑。See Ernest Hemingway, *Death in the Afternoon* (New York: Simon & Schuster, 1996), 4.

9. Thomas Keneally, *Schindler's List* (New York: Simon & Schuster, 1982).

10. Friedrich Nietzsche, *Thus Spake Zarathustra* (London: G. Allen & Unwin, 1967), 149.

11. 詹姆斯·Q. 威尔逊（James Q. Wilson）最近出版的《道德感》（*The Moral Sense*）一书汇集了学术领域的几乎所有证据以支持其结论，即在思考道德问题时人类呈现出"持久但不稳定的倾向"。在流行的进化论观点中，威尔逊的观点可谓相当乐观。See James Q. Wilson, *The Moral Sense* (New York: The Free Press, 1993), xv, 225-251. 罗伯特·赖特（Robert Wright）备受推崇的《道德动物》（*The Moral Animal*）一书研究了进化生物学的社会影响，呈现出一种不那么乐观的观点。赖特总结道："长期让自己接受真正的、令人振奋的道德审视，并相应地调整自己的行为，这并不符合我们的天性。人类是潜在的道德动物（我们比任何其他动物都有资格这么说），但人类不是天生的道德动物。要成为真正的道德动物，我们就必须清楚意识到自己离这一目标的距离。"

12. 安东尼奥·R. 达马西奥（Antonio R. Damasio）的专著《笛卡尔的错误》（*Descartes' Error*）详细描述了盖奇的事故，并从现代神经科学的角度进行了分析。Antonio R. Damasio, *Descartes' Error* (New York: G. P. Putnam's Sons, 1994).

13. Robert N. Bellah, *Habits of the Heart* (New York: Harper & Row, 1985), 3-84, 333-334.

14. 还有一种方法被称作 PMPR，即最小心理现实主义原则。这一术语隐含一个非常合理的建议："当构建一种道德理论或设计一种道德理想时，人们需要确信所规定的品性、决策过程和行为……对像我们这样的生物来说是可能具备和完成的。"See Owen Flanagan, *Varieties of Moral Personality*: *Ethics and Psychological Realism* (Cambridge; MA: Harvard University Press, 1991), 32.

15. Martha C. Nussbaum, *Love's Knowledge*: *Essays on Philosophy and Literature* (New York: Oxford University Press, 1990), 42.

16. See Stuart Hampshire, *Morality and Conflict* (Cambridge, MA: Harvard University Press, 1983), 103.

17. 那些寻求确切标准的人会非常失望，因为给一个合理的道德决定想出额外的标准并非难事。举个例子，当代著名哲学家约翰·罗尔斯（John Rawls）在其著作《正义论》（*A Theory of Justice*）中讨论了关于道德问题的"深思熟虑的判断"，包括结果中的自我利益、对判断的强烈犹豫、恐惧或不安。他还写道，"在犯错误之后找不到常见的借口和解释时"，这些判断就有用武之地了。See John Rawls, *A Theory of Justice* (Cambridge, MA: Harvard

University Press, 1971), 46-48. 毫无疑问还有其他标准，但完整、确切的标准是不存在的，也没有规定在某种特定情况下应该运用何种标准。

18. 关于文学与伦理关系的两部优秀著作，是 Wayne C. Booth 的 *The Company We Keep: An Ethics of Fiction* (Berkeley: University of California Press, 1988)，尤其是它的第 49 ～ 81 页和第 265 ～ 293 页，以及努斯鲍姆的《爱的知识》(*Love's Knowledge*)，尤其是它的第 3 ～ 53 页和第 261 ～ 269 页。

19. William James, *Pragmatism* (Buffalo, NY: Prometheus Books, 1991), 9-10.

第五章

1. 本章中《长日留痕》的引文均出自 Kazuo Ishiguro, *The Remains of the Day* (New York: Alfred Knopf, 1989)。

2. See Paul Binding, "Passing the Butler," *The Listener*, 25 May 1989, 25.

3. John Dewey, *Ethics* (New York: Henry Holt and Company, 1932), 316.

4. Chester Barnard, *The Functions of the Executive* (Cambridge, MA: Harvard University Press, 1982), 267.

5. Michael J. Sandel, "The Procedural Republic and the Unencumbered Self," *Political Theory* (February 1984): 86-87.

6. Aristotle, *The Basic Works of Aristotle*, ed. Richard McKeon (New York: Random House, 1941), 1130.

7. Aristotle, *Nichomachean Ethics*, trans. Terence Irwin (Indianapolis: Hackett Publishing Company, 1985), 35.

8. John Dewey, *Ethics*, 317.

9. Ishiguro, *The Remains of the Day*, 179.

第六章

1. Alasdair MacIntyre, *After Virtue* (Notre Dame, IN: University of Notre Dame Press, 1984), 114.

2. Walter Kaufmann, *Nietzsche*: *Philosopher*, *Psychologist*, *and Antichrist* (Princeton, NJ: Princeton University Press, 1974), 45.

3. 想要了解尼采彻底摆脱了纳粹形象的资料，请参见 Kaufmann, *Nietzsche*, 42-46, 284-306。

4. 想要归纳关于尼采的海量文献的特征，这几乎是不可能的事情，因为目前尚有数百种书正在印刷中，另外还有数千篇文章。想探讨尼采对学术和通俗写作的影响范围也是不可能完成的事。部分原因是"尼采"太多了。对其高度简化的概述可能始于他妹妹、妹夫和纳粹所创造的邪恶的"尼采"；接着是在沃尔特·考夫曼和其他学者笔下影响了众多哲学家、心理学家和文学评论家的、恢复名誉后的"尼采"；随后又是另一个邪恶的"尼采"，一位被 30 年前《时代》杂志封面故事描绘成的所有客观价值观的破坏者，这一形象最近还被美国高等教育畅销书《美国精神的终结》提及 (see Allan Bloom, *The Closing of the American Mind* [New York: Touchstone Books, 1988])；然后是在 Peter Berkowitz 的 *Nietzsche*: *The Ethics of an Immoralist* (Cambridge, MA: Harvard University Press, 1995) 中被降服、驯化的尼采。

5. Friedrich Nietzsche, *Thus Spake Zarathustra* (London: G. Allen & Unwin, 1967), 281.

6. Friedrich Nietzsche, *The Gay Science* (New York: Random House, 1974), 232.

7. 此处及下一段的内容均出自 Sophocles, *Antigone*, trans. E. F. Watling (London: Penguin Books, 1974), 126-162。

8. William James, *Pragmatism* (Buffalo, NY: Prometheus Books, 1991), 126.

9. MacIntyre, *After Virtue*, 220. 斯图亚特·汉普夏也提出了类似的观点，"'这是我的感受，也是我一直以来的感受：现在改变就是对我过去的否定，我在实践中没有发现任何不公正或有害的东西。'这些都是道德背景下的正当理由，所有这些都激发了人对自己作为一个人的身份和性格以及对自我历史的认知，这在一定程度上决定了他对自我身份的认同感"。See Stuart Hampshire, *Morality and Conflict* (Cambridge, MA: Harvard University Press, 1983), 8. 迈克尔·桑德尔（Michael Sandel）也有类似说法。他探讨了定义一个人的所谓的"构成性承诺"，背离这些承诺就会引发对其身份的质疑。See Michael J. Sandel, "The Procedural Republic and the Unencumbered Self," *Political Theory* (February 1984): 86.

10. Calvin Trillin, *Remembering Denny* (New York: Warner Books, 1993), 25.

11. Nietzsche, *Thus Spake Zarathustra*, 241.

12. Friedrich Nietzsche, *Beyond Good and Evil* (New York: Vintage Press, 1966), 44.

第七章

1. See Gerald E. Myers, *Williams James* (NewHaven, CT: Yale University Press, 1986), 20.

2. Ibid., 31.

3. Ibid. 尼采持类似观点。在《权力意志》（*The Will to Power*）中，他写道："反对实证主义，它总是停留在现象上，认为'只有事实'。我会说，不对，事实恰恰是不存在的，只有解释。"See Friedrich Nietzsche, *The Will to Power* (New York: Vintage, 1968), 267.

4. William James, *Pragmatism* (Buffalo, NY: Prometheus Books, 1991), 107.

5. Morton Mintz, " Drug Fiends: Even Inside Johnson & Johnson, Public Safety Can Take a BackSeat to Profits, " *Washington Monthly*, December 1991, 20.

6. Kevin Kelly and Joseph Weber, " When a Rival's Trade Secrets Cross Your Desk, " *Business Week*, 20 May 1991, 48.

7. William M. Carley, "Court Papers Detail Ortho's Retin-A Deception, " *Wall Street Journal*, 1 March 1995, B1.

8. James, *Pragmatism*, 88, 36.

9. Ibid., 20.

10. Ibid., 89.

11. Friedrich Nietzsche, *The Will to Power* (New York: Vintage Press, 1968), 418.

12. Richard S. Tedlow, *James Burke: A Career in American Business* (Boston: Harvard Business School, 1990), videocassette 9-890-513.

13. Niccolo Machiavelli, *The Prince*, book 25.

14. Nietzsche, *The Will to Power*, 188.

15. Ibid.

16. W. 杰克逊·贝特（W. Jackson Bate）用 "中年反思" 一词来概括塞缪尔·约翰逊（Samuel Johnson）传记中的一个中心主题。See W. Jackson Bate, *Samuel Johnson* (New York: Harcourt Brace Jovanovich, 1977), especially 229-367.

第八章

1. Steven Greenhouse, " Maker Says Pressure Could Revive Abortion Pill, " *New York Times*, 28 October 1988, A9.